ABC der Schulkindbetreuung

Anna-Maria Wistuba · Niels Pflüger

ABC der Schulkind-
betreuung

Grundlagen für Quereinsteiger

Anna-Maria Wistuba
Hauenstein, Deutschland

Niels Pflüger
Landau, Deutschland

ISBN 978-3-658-50730-5   ISBN 978-3-658-50731-2   (eBook)
https://doi.org/10.1007/978-3-658-50731-2

Die Deutsche Nationalbibliothek verzeichnet diese Publikation in der Deutschen Nationalbibliografie; detaillierte bibliografische Daten sind im Internet über https://portal.dnb.de abrufbar.

*Es ist anzumerken, dass versucht wurde, dieses
Buch weitgehend geschlechtsneutral zu halten.
Es wird dennoch vorab darauf hingewiesen, dass,
der besseren Lesbarkeit geschuldet, sämtliche
Personenbezeichnungen gleichermaßen für alle
Geschlechter gelten sollen. Wenn von „Eltern"
gesprochen wird, so sind entsprechend die erzie-
hungs- und sorgeberechtigten Personen gemeint.*

Interessenkonflikt Die Autor*innen haben keine relevanten Interessenskonflikte im Zusammenhang mit dieser Publikation.

Inhaltsverzeichnis

Abbildungsverzeichnis

A

Aktives Zuhören

1. Was kann ich mir unter dem Modell „Aktives Zuhören" vorstellen?

Das aktive Zuhören ist eine Kommunikationsmethode aus der Psychologie und wurde von Carl Rogers (1902–1987) entwickelt. Es besagt, dass man beim Zuhören nicht nur einen passiven Part übernimmt, sondern selbst aktiv wird. Mit dem aktiven Zuhören soll die Kommunikation verbessert werden. Dabei kann man fünf Punkte während eines Gesprächs umsetzen:

- Paraphrasieren (das Gesagte in eigenen Worten zusammenfassen)
- Verbalisieren (die Emotionen des Gegenübers erkennen und zum Ausdruck bringen, z. B. ich sehe, dass du gerade sehr verärgert bist)
- Nachfragen (Offenheit und Interesse zeigen und Fragen stellen)
- Unklares aufklären (nachhaken, wenn etwas nicht klar geworden ist)
- Zusammenfassen (das Gehörte/Besprochene zusammenzufassen sorgt für Klarheit und gibt dem Sender die Möglichkeit, noch etwas zu ergänzen).

Ergänzende Information Die elektronische Version dieses Kapitels enthält Zusatzmaterial, auf das über folgenden Link zugegriffen werden kann [https://doi.org/10.1007/978-3-658-50731-2_1].

Aktives Zuhören ist also eine Kommunikationstechnik, bei der man dem sprechenden Kind die volle Aufmerksamkeit widmet und aktiv auf dieses eingeht. Es geht darum, sich in die Lage des Gegenübers zu versetzen und Interesse am Gesagten zu zeigen, z. B. durch Blickkontakt, Kopfnicken und die Anwendung der oben genannten Aspekte. Besonders durch die Verbalisierung der Gefühle des Kindes kann sich dieses wieder mehr auf die Inhalte und das eigene Ziel fokussieren, da das Gegenüber erkannt hat, dass es gerade z. B. sehr wütend und aufgeregt ist. Es muss weniger (oder im besten Fall keine) Energie mehr aufbringen, um dem Gegenüber zu zeigen, dass es die Sache ernst meint und sich eine sofortige Hilfestellung und Lösung wünscht. Die Zusammenfassung des Gehörten/Besprochenen soll zum Schluss des Gesprächs verdeutlichen, wie es weitergeht und was von wem genau wie gemacht (oder nicht mehr gemacht) werden soll. Im Idealfall legt es ein verbindliches Handeln fest und sorgt damit für Transparenz und Verlässlichkeit.

Anmeldung zur Betreuung

2. Welche Unterlagen sind Bestandteil der Anmeldeunterlagen?

Neben den klassischen Daten zu Name, Anschrift und Kontaktdaten sollten in einem umfassenden Anmeldeformular noch weitere Informationen erfasst werden. In der heutigen Zeit muss sich der Träger samt Personal umfassend absichern, daher sollten alle datenschutz- und verschwiegenheitsrelevanten Fakten abgefragt und von den Erziehungsberechtigten unterschrieben werden.

(a) Absicherung gemäß Art. 13 DS-GVO die Verarbeitung personenbezogener Daten betreffend
(b) Klare Definition von Bring- und Abholzeiten bzw. Zeitfenstern
(c) Erfassen der abholberechtigten Personen
(d) Zustimmung der Erziehungsberechtigten für die Veröffentlichung von Fotos in den Medien und Räumlichkeiten der Betreuung oder Schule (möglichst detailliert und für einzelne Projekte gesondert einzuholen)
(e) Zustimmung der Erziehungsberechtigten für das Verlassen des Schulgeländes zwecks Ausflügen oder Wegen zu Mensa, Spielflächen etc.
(f) Zustimmung der Erziehungsberechtigten für den Aufenthalt in der Turnhalle (eventuell Zustimmung zur Nutzung bestimmter Geräte)

(g) Zustimmung der Erziehungsberechtigten für das alleinige Bestreiten bestimmter Wege (z. B. zwischen Mensa und Betreuungsräumlichkeiten oder zwischen Betreuungsräumen und Parkplatz sollte das Kind mit Ende der Betreuung alleine zum Auto gehen sollen, selbiges gilt für den Weg zum Bus und den alleinigen Aufenthalt an der Bushaltestelle)

(h) Schweigepflichtentbindung zwischen Betreuungspersonal und Erziehungsberechtigten den Austausch mit Lehrern, Schulsozialarbeit und evtl. weiteres Schulpersonal betreffend

(i) Falls nötig, Einholen der Erlaubnis über die Mitnahme des Kindes im (privaten) PKW

(j) Kenntnisnahme zur Aufsichtspflicht (siehe Frage 3)

Aufsichtspflicht

3. Wann beginnt für mich die Aufsichtspflicht?

Die Aufsichtspflicht beginnt, sobald das Kind die Betreuungsräumlichkeiten betritt und sich bei der zuständigen Betreuungskraft persönlich anmeldet.

4. Wann endet für mich die Aufsichtspflicht?

Die Aufsichtspflicht endet mit dem Ende der Betreuungszeit, bzw. sobald das Kind sich persönlich verabschiedet oder von einer abholberechtigten Person abgeholt wird.

5. Ein Schüler rennt davon und verlässt das Schulgelände. Was muss ich machen?

Als Betreuungskraft bin ich nicht verpflichtet dem Kind nachzulaufen. Dies ist jedoch situationsabhängig und individuell zu entscheiden. Sollte ich das Weglaufen rechtzeitig bemerken und ich sehe die Möglichkeit das Kind einzuholen und zurückzubringen, ohne die anderen Kinder ohne Aufsicht zurückzulassen, so kann ich dies tun. Ansonsten sind umgehend die Erziehungsberechtigten und die Schule zu informieren, per Anruf, SMS, E-Mail oder über den Schulmessenger.

6. Verletze ich meine Aufsichtspflicht, wenn ich Kinder in zwei Räumen gleichzeitig betreue?

Nein. Die Aufsichtspflicht ist erfüllt, wenn sich die Schüler beaufsichtigt fühlen. Das heißt, dass sie wissen, wo im Falle eines Falls die Betreuungskraft zu finden ist. Das ist dann gegeben, wenn die Räume nah beieinander und nicht über mehrere Stockwerke auseinander oder in verschiedenen Gebäuden liegen. Sollte sich der Gruppenraum im Erdgeschoss befinden mit Fenster zum Hof, können die Schüler z. B. auch den Pausenhof parallel zum Spielen mitnutzen.

7. Darf ich mit den Kindern die Sporthalle benutzen?

Grundsätzlich darf die Sporthalle mit den Kindern genutzt werden. Allerdings ist sicherzustellen, dass geeignetes Schuhwerk (abriebfeste Sportschuhe) oder rutschfeste Socken getragen werden. Zudem darf die Sporthalle nur als Spielfläche genutzt werden (Ballspiele, Fangspiele etc.).

8. Dürfen die Kinder unter meiner Aufsicht die Geräte der Sporthalle nutzen?

Die Nutzung von Geräten aller Art (z. B. Ringe, Seile, Sprossenwände, Trampoline, Reck, Kästen o. Ä.) ist untersagt. Diese Sportgeräte dürfen nur von speziell geschultem Personal mit entsprechender Trainer- oder Übungsleiterlizenz (DOSB) genutzt und betreut werden.

9. Darf ich das Kind gehen lassen, wenn ein Elternteil mich telefonisch darum bittet?

Nein. Ich darf ein Kind auf telefonischen Wunsch der Eltern nur gehen lassen, wenn im Vorfeld eine schriftliche Erlaubnis vorgezeigt wurde oder eine von den Eltern unterschriebene Erklärung vorliegt, dass das Kind den Heimweg alleine bestreiten darf.

10. Darf ich das Kind gehen lassen, wenn es mir sagt, dass es heute früher gehen muss und eine schriftliche Entschuldigung eines Erziehungsberechtigten nicht vorliegt?

Nein. Ich darf ein Kind nur alleine nach Hause gehen lassen, wenn die schriftliche Erlaubnis eines Erziehungsberechtigten vorliegt oder das Kind grundsätzlich über eine Erlaubnis der Eltern verfügt, alleine nach Hause gehen zu dürfen. Eine schriftliche Nachricht der Eltern muss in einem solchen Fall immer vorliegen, z. B. „Mein Kind hat um 15 Uhr einen Arzttermin und wird daher heute um 14:30 Uhr abgeholt".

11. Darf ich das Kind nach Ende der Betreuungszeit alleine auf dem Schulgelände zurücklassen?

Ja, das ist grundsätzlich möglich. Mit dem Ende der Betreuungszeit endet auch die Aufsichtspflicht. Die Eltern sind in der Verantwortung ihr Kind pünktlich abzuholen. Zudem endet auch Ihre Arbeitszeit und der Arbeitgeber ist nicht verpflichtet, die durch längeres Warten entstandenen Überstunden zu entlohnen. Inwieweit dies jedoch mit dem eigenen Gewissen einhergeht liegt in Ihrem eigenen Ermessen. Da in der Regel niemand ein Kind alleine zurücklässt, helfen zuvor aufgestellte Grundsätze für die Eltern. So können Sie zum Beispiel in der Anmeldung festlegen, dass die Eltern für Wartezeiten nach Betreuungsschluss ein Entgelt leisten müssen. Dieses können Sie beispielsweise gestaffelt festlegen. Sprechen Sie am besten mit Ihrem Träger und finden Sie eine für alle annehmbare Lösung.

12. Darf das Kind von weiteren Personen, welche nicht erziehungsberechtigt sind, abgeholt werden?

Kinder dürfen nur von berechtigten Personen abgeholt werden. Als berechtigt gelten alle Erziehungsberechtigten sowie all jene Personen, welche von diesen als abholberechtigt im Vorfeld angegeben wurden. Am besten werden diese Daten bereits mit dem Anmeldebogen erfasst. Es müssen der vollständige Name sowie die Anschrift angegeben und von den Erziehungsberechtigten unterschrieben werden.

13. Darf die Oma, welche ich auch kenne, das Kind abholen?

Auch die Oma oder andere nahestehende Verwandte gelten zunächst einmal nicht als direkt Erziehungsberechtigte und somit ist es ihnen nicht erlaubt ohne Einwilligung dieser das Kind abzuholen. Ob sie die Person kennen, spielt in diesem Fall keine Rolle. Lassen Sie sich immer im Vorfeld eine schriftliche Erklärung geben, welche die abholende Person auch zweifelsfrei berechtigt das Kind mitzunehmen.

14. Die Mama hat das alleinige Sorgerecht, der leibliche Vater steht vor der Tür. Darf er das Kind mitnehmen?

Nein! Der Vater darf das Kind nicht mitnehmen. Auch hier gilt, die Mutter als alleinige Sorgeberechtigte muss ihre schriftliche Einwilligung geben. Da Sie im Zweifel die Hintergründe nicht kennen und nicht wissen, warum dem Vater das Sorgerecht entzogen wurde, seien Sie vorsichtig und handeln Sie sorgsam. Nehmen Sie bestenfalls Kontakt zur Mutter auf und teilen Sie ihr mit, dass der Vater das Kind abholen möchte.

15. Wir müssen zum Mittagessen einmal quer durch den Ort. Darf ich alleine mit einer Gruppe von Kindern gehen und in welcher Form soll dies ablaufen?

Für die Schulkindbetreuung gibt es derzeit noch keinen rechtlich festgelegten Betreuungsschlüssel seitens des Gesetzgebers. Damit dürfen Sie grundsätzlich alleine gehen. Es gilt allerdings der Grundsatz: Sie müssen nur das leisten, was Sie sich auch zutrauen. Überlegen Sie im Vorfeld, mit welcher Anzahl von Kindern Sie sich den Weg zur Mensa zutrauen. Die Anzahl kann abhängig sein vom Alter und Verhalten der Kinder und daher stark variieren. Zudem spielt Ihre persönliche Einschätzung eine große Rolle. Lassen Sie sich in keinem Fall zu etwas überreden, was Sie sich nicht zutrauen und setzen Sie Ihre Meinung durch. Sollte nämlich doch einmal etwas passieren, sind Sie in der Verantwortung. Nehmen Sie lieber eine Kollegin oder einen Kollegen mit oder lassen Sie jemand anderem den Vortritt, der oder die sich das eventuell eher zutrauen. Sind Sie alleine in der Betreuung, besprechen Sie dieses Thema mit Ihrem Träger. Weisen Sie auf die Aufsichtspflicht hin und teilen Sie Ihre Bedenken mit (bestenfalls in Schriftform).

16. Kinder, die nicht Teil der Betreuung sind, nutzen dasselbe Gelände. Für wen bin ich in welcher Form verantwortlich?

Sie sind nur für die Kinder zuständig, die sich zu diesem Zeitpunkt in der Betreuung befinden und damit Ihrer Aufsicht unterstehen. Sie können weitere Kinder dennoch auf etwaiges Fehlverhalten hinweisen und auch die Schule informieren, sollten diese Kinder ebenfalls Schüler sein. Solange alle Kinder friedlich miteinander spielen und Sie sich die Betreuung zutrauen, spricht nichts dagegen. Sobald es jedoch zu Konflikten zwischen den Gruppen kommen sollte, versuchen Sie die Betreuungskinder von den anderen zu separieren. Sollte sich dies schwierig gestalten, bleibt oftmals nur der Ausweg das Gelände zunächst zu verlassen. Eine Meldung an die Schule ermöglicht jedoch eine Involvierung der Eltern, um somit an einer gemeinsamen Lösung zu arbeiten (z. B. das Aufteilen von Bereichen).

17. Ein Kind verletzt sich, was muss ich machen?

Schätzen Sie die Schwere der Verletzung ein. Ist das Hinzuziehen eines Krankenwagens notwendig oder können Sie mit einem Pflaster oder Kühlpack schon helfen? Sie können falls nötig dem Kind die nötige Ruhe oder Pause verschaffen. Auch ein Pflaster oder ein Kühlpack dürfen Sie ausgeben. Desinfektionsmittel oder Wundspray hingegen sind tabu und auch Schmerzmittel dürfen Sie nicht verabreichen. Wenn Sie den Eindruck haben, dass das Kind zur Genesung zu Hause besser aufgehoben ist, informieren Sie die Eltern und lassen Sie das Kind abholen.

18. Ab welcher Kinderanzahl muss mehr als ein/e BetreuerIn anwesend sein?

Derzeit gibt es für die Schulkindbetreuung noch keinen festgelegten Betreuungsschlüssel. Laut einer Rahmenempfehlung für die pädagogische Schulkindbetreuung der Liga der freien Wohlfahrtspflege in Baden-Württemberg e. V.[1] sollten zwei Betreuungskräfte nicht mehr als 20 Kinder betreuen. Grundsätzlich gilt, betreuen Sie nur so viele Kinder, wie Sie sich zutrauen. Beachten Sie dabei, ob Sie allen Kindern gerecht werden können, Sie in Konflikt- oder Notsituationen alleine reagieren können und Sie alle Kinder im Blick haben (Thema Aufsichtspflicht).

---

[1] https://liga-bw.de/wp-content/uploads/2021/03/2021_02_08_LigaBW_Rahmenempfehlung_Schulkindbetreuung.pdf.

19. Wie viel Personal wird für die Ferienbetreuung benötigt?

Für die Ferienbetreuung gelten die gleichen Vorgaben, wie auch für den normalen Betreuungsalltag an der Schule. Einen festgesetzten Betreuungsschlüssel gibt es nicht, Sie können sich an den Angaben aus Frage 16 orientieren. Betreuen Sie nur so viele Kinder, wie Sie sich zutrauen. Beachten Sie, dass es während der Ferienbetreuung andere Abläufe geben kann, dass Sie gegebenenfalls Ausflüge unternehmen und im öffentlichen Raum unterwegs sein werden und dass Sie eventuell auch fremde, d. h. sonst nicht in der Betreuung angemeldete Kinder, zu beaufsichtigen haben. Was trauen Sie sich in diesem Kontext zu? Haben Sie parallel zur Kinderbetreuung noch andere Aufgaben zu erfüllen, wie das Zubereiten des Essens oder das Vorbereiten von Spiel- und Bastelangeboten? All diese Aspekte sollten in Ihre Überlegungen mit einfließen.

20. Darf ich die Frühbetreuung auch alleine machen?

Sie dürfen die Frühbetreuung auch alleine machen. Momentan gibt es keinen festgelegten Betreuungsschlüssel. Beachten Sie, welche Anzahl an Kindern Sie sich zutrauen alleine zu betreuen. Können Sie allen Kindern gerecht werden? Überblicken sie die Ankunft der Kinder? Werden Sie in Ihrer Arbeit durch Eltern abgelenkt? Geben die Räumlichkeiten eine alleinige Betreuung her? Müssen Sie Türen überwachen oder aufschließen oder Bürotätigkeiten verrichten und haben währenddessen keinen Blick auf die Kinder?

21. Muss ich als Betreuer dafür Sorge tragen, dass ein Kind aufisst/ausreichend isst?

Nein, Sie sind nicht verpflichtet dafür zu sorgen, dass ein Kind aufisst oder ausreichend isst. Allerdings sollten Sie bei auffallend schlechtem Essverhalten Rücksprache mit den Eltern halten. Klären Sie, ob das Essverhalten normal ist, ob gegebenenfalls eine Medikation für den fehlenden Appetit verantwortlich ist und wie Sie zu einer Verbesserung beitragen können. Vor allem auf ausreichende Flüssigkeitszufuhr sollten Sie jedoch achten.

22. Muss ich als Betreuer dafür Sorge tragen, dass es beim Mittagessen leise ist?

Ein gewisser Lautstärkepegel ist sicherlich beim Mittagessen nicht zu vermeiden. Zu laut sollte es nicht werden, dies ist sowohl für Betreuer als auch für die Kinder auf Dauer anstrengend. Bedenken Sie jedoch, dass die Kinder bereits die meiste Zeit des Vormittags leise sein und stillsitzen sollten. Das Bedürfnis nach Bewegung und Austausch aufseiten der Kinder ist gerade nach dem Schulvormittag sehr ausgeprägt. Kleinere Gruppen beim Mittagessen, eine Bewegungsphase vor dem Essen und klare Regeln können hier Abhilfe schaffen.

23. Ein Kind mit Diabetes soll die Betreuung besuchen bzw. ein Kind ist auf Medikamente angewiesen? Was muss ich leisten?

Sie können die Betreuung des an Diabetes erkrankten Kindes ablehnen. Machen Sie sich bewusst, welche Verantwortung Ihnen auferlegt wird. Trauen Sie sich diese zu? Bei einer betreuungsintensiven Erkrankung steht dem Kind geschultes Fachpersonal in Form einer Schulbegleitung zu. Diese ist entsprechend ausgebildet, in die speziellen Krankheitsbilder und -behandlungsformen eingewiesen und vor allem abgesichert. Machen Sie sich bewusst, welche Verantwortung Ihnen damit auferlegt würde und dass Sie im Zweifel für Fehler belangt werden können. Die Gabe von Medikamenten ist Ihnen grundsätzlich untersagt. Sie dürfen die Einnahme lediglich begleiten, das Kind muss jedoch selbst aktiv das Medikament einnehmen.

Sollte keine unterwiesene Personen zur Verfügung stehen, kann das Kind entweder an dem Tag nicht betreut werden oder Sie lassen sich aktuelle Absprachen von den Eltern schriftlich bestätigen. Medikamente müssen richtig aufbewahrt werden, das heißt an einem geeigneten Ort (Medikamentenschrank oder Kühlschrank), versehen mit dem Namen des Kindes und möglichst mit einer Kopie der ärztlichen Anweisung zur Verabreichung.

24. Was mache ich, wenn ich in einer Extremsituation der Aufsichtspflicht nicht mehr gerecht werden kann?

Fordern Sie Unterstützung durch einen Kollegen an. Falls dies nicht möglich sein sollte, ersuchen Sie das Schulkollegium um Hilfe. Auch Schulleitung, Lehrer, Hausmeister oder die Sekretärin können Sie im Notfall unterstützen. Im Zweifel spannen Sie ältere, verantwortungsbewusste Kinder mit ein, diese können Sie unterstützen und beispielsweise Hilfe holen oder einem verletzten Mitschüler zur Seite stehen. Sprechen Sie einen solchen Vorfall in jedem Fall zeitnah bei Ihrem Vorgesetzten an. Häufen sich solche Zwischenfälle, sollte über die Anpassung des Personalschlüssels nachgedacht werden.

25. Sollte die Gebäudetür während der Betreuungszeit abgeschlossen sein (vor allem morgens und spät am Nachmittag)?

Wie sicher fühlen Sie sich in Ihren Betreuungsräumlichkeiten? Können Sie den Eingangsbereich von Ihrem Arbeitsplatz aus überblicken? Liegt die Schule in einem stark frequentierten Einzugsbereich? Wird der Schulhof von der Öffentlichkeit mit genutzt und ist ein Betreten des Gebäudes durch Fremde wahrscheinlich oder bereits vorgekommen? Diese Fragen sind in diesem Fall essentiell. Wichtig ist es, falls Sie alleine in der Betreuung tätig sind, dass sie die Sicherheit der Kinder gewährleisten können. Wenn Sie den Eingangsbereich parallel zum Betreuungsraum einsehen können, die Bring- oder Abholsituation überblicken und direkt bemerken, wenn Fremde und nicht zugangsberechtigte Personen das Gebäude betreten, ist ein Abschließen nicht zwingend notwendig. Fühlen Sie sich allerdings unsicher oder überfordert, kann ein Kontrollieren der Zugänge von Vorteil sein.

26. Darf ich einen Schüler in meinem PKW mitnehmen?

Sie dürfen kein Kind ohne Zustimmung der Eltern in Ihrem privaten PKW mitnehmen. Sollte eine Mitnahme im Auto erforderlich sein, bedarf dies einer schriftlichen Einwilligung durch die Erziehungsberechtigten. Je nach Alter oder Größe (Kinder unter 1,50 m) wäre zudem die Nutzung einer Sitzerhöhung verpflichtend.

27. Darf ich einen Schüler zu Fuß nach Hause begleiten?

Sie dürfen einen Schüler zu Fuß nach Hause begleiten. Dies könnte nach einem Ausflug oder bei verspäteter Abholung durch die Eltern vorkommen. Sie sind jedoch nicht verpflichtet, das Kind nach Hause zu bringen, diese Entscheidung liegt in Ihrem eigenen Ermessen. Beachten Sie zudem, dass Sie dann die Aufsichtspflicht für das Kind haben. Die Eltern haben Sie jedoch nicht unmittelbar aufgefordert das Kind nach Hause zu begleiten. Wägen Sie ab, ob Sie das Risiko eingehen möchten, dass die Eltern Sie für mögliche Zwischenfälle belangen können. Liegt die Erlaubnis der Eltern vor, dass das Kind auch grundsätzlich alleine nach Hause gehen darf, haben Sie nichts zu befürchten.

28. Es gibt eine Schlägerei, darf ich dazwischen gehen?

Wenn ein verbales Eingreifen keine Wirkung zeigt, versuchen Sie die beteiligten Kinder voneinander zu trennen. Zunächst gehen Sie bewusst passiv dazwischen, setzen Sie je nach Situation zuerst Ihre Arme als Abtrennung ein und bringen Sie sich, sollte dies nicht ausreichen, anschließend mit Ihrem gesamten Körper ein. Je nach Körpergröße und -gewicht der Kinder holen Sie sich Hilfe von Kollegen oder anderen Schülern, um die Streithähne zu beruhigen und voneinander getrennt zu halten. Wenn die Situation sich nicht entschärfen lässt, eines oder mehrere beteiligte Kinder weiterhin aufgebracht bleiben und wieder aufeinander losgehen wollen, dürfen Sie das Kind auch in angemessener Stärke fest- und von weiterem Körpereinsatz abhalten. Hierzu können Sie das Kind umarmen, damit vermeiden Sie ein zu starkes Festhalten und Drücken mit den Händen. Wenn dies nicht ausreicht, bleibt jedoch nur noch die Option das Kind zu fassen. Halten Sie diese Situation jedoch so kurz wie möglich. Anschließend informieren Sie die Eltern und erläutern die Sachlage und die Angemessenheit ihres Handelns. Informieren Sie auch die Schule über diesen Vorfall (am besten in Schriftform). Achten Sie in jedem Fall auf Ihre eigene Sicherheit und körperliche Unversehrtheit und bringen Sie sich nicht in Gefahr. Das heißt Sie dürfen dazwischen gehen, müssen aber nicht.

29. Darf ich ein Kind in gewissen Situationen festhalten?

Siehe Frage 28.

30. Darf ich eine Zecke/einen Splitter entfernen?

Sie dürfen ohne schriftliche Einwilligung der Eltern keine Zecken oder Splitter entfernen, keine Desinfektionsmittel aufbringen und keine Wundsprays oder Cremes auftragen. Wenn Sie sich für solche Fälle absichern möchten, lassen Sie sich bereits im Vorfeld dafür eine schriftliche Zustimmung durch die Eltern geben. Ansonsten informieren Sie die Eltern (je nach Schwere der Verletzung) direkt oder nach Beendigung der Betreuung über die Verletzung.

31. Darf ich Medikamente verabreichen?

Sie dürfen weder eigenmächtig eine etwaige Diagnose stellen noch Medikamente verabreichen. Die Gabe von Medikamenten zählt zu den medizinischen Hilfsmaßnahmen und erfordert eine Anleitung sowie die schriftliche Zustimmung der Eltern. Die Gabe von mitgeführten Notfallmedikamenten betroffener Schüler allerdings stellt eine **Erste-Hilfe-Leistung** dar, die im Notfall Leben retten kann. Die entsprechenden Notfallsets sind extra für Laien entwickelt und dementsprechend einfach zu handhaben. Es sollten jedoch bereits im Vorfeld eines möglichen Notfalls mit den Eltern entsprechende Vereinbarungen getroffen werden, gegebenenfalls auch unter Einbindung der behandelnden Ärzte.

Schüler sind während des Schulbesuchs und der Teilnahme an der Schulbetreuung vor und nach dem Unterricht gesetzlich unfallversichert (§ 2 Abs. 1 Nr. 8 b SGB VII). Wenn die Medikamentengabe als Teil der Personensorge von den Erziehungsberechtigten auf die Schule oder eine Lehrkraft übertragen worden ist (schriftliche Einverständniserklärung), greift in diesem Fall auch der Versicherungsschutz.

Ein Muster über die Vereinbarung medizinischer Hilfsmaßnahmen zwischen Erziehungsberechtigten und Lehrern/Betreuern finden Sie im elektronischen Zusatzmaterial auf der Produktseite des Buches auf SpringerLink https://link.springer.com/9783658507305.

32. Muss ich das Kind zum Bus bringen und warten bis das Kind in den Bus einsteigt?

Nein, Sie müssen das Kind weder begleiten, noch warten, bis es in den Bus einsteigt. Mit dem Ende der Betreuungszeit endet auch Ihre Aufsichtspflicht. Eine

Busaufsicht wird oftmals auch von der Schule übernommen, diese dient der Sicherstellung der nötigen Ruhe und dem Einhalten von Regeln an der Bushaltestelle. Sie können solch eine Busaufsicht auch vonseiten der Betreuung einführen, diese ist jedoch als Arbeitszeit einzustufen. Zur Absicherung holen Sie am besten auch in diesem Fall das Einverständnis der Erziehungsberechtigten ein, dass das Kind den Weg zum Bus nach der Betreuungszeit alleine bewältigen darf, ebenso wie die nötige Wartezeit. Weisen Sie dazu im Betreuungsvertrag oder der Nutzungsordnung darauf hin, dass die Aufsichtspflicht mit Ende der Betreuung bei den Sorgeberechtigten liegt.

33. Muss ich die Eltern anrufen, wenn das Kind nicht zur angemeldeten Zeit in der Betreuung erscheint?

Das hängt davon ab, wie dieser Fall im Betreuungsvertrag geregelt ist. Grundsätzlich gilt, dass der Weg zur Betreuung nicht zur Aufsichtspflicht der Betreuungskräfte gehört. Nach dem Unterricht ist die Schule zuständig, am Morgen, auf dem Weg zur Frühbetreuung, liegt sie bei den Eltern. Am einfachsten ist es, dass im Betreuungsvertrag folgende Regelung aufgenommen wird: " Die Aufsichtspflicht beginnt mit dem Betreten des Betreuungsraumes und der „Anmeldung" des Kindes bei einer Betreuungskraft. Die Aufsichtspflicht endet mit dem Ende der Betreuung um ….Uhr." (eine Vorlage finden Sie im elektronischen Zusatzmaterial auf der Produktseite des Buches auf SpringerLink https://link.springer.com/9783658507305).

34. Was passiert, wenn das Kind unbemerkt abhaut?

Sie haben während der Betreuungszeit die Aufsichtspflicht über die Kinder und müssen ein unbemerktes Verschwinden unbedingt ausschließen. Falls ein Kind unerlaubt das Gelände verlässt, müssen umgehend die Erziehungsberechtigten informiert werden. Sollte ein Verschwinden dennoch erst verspätet bemerkt werden, informieren Sie sofort die Erziehungsberechtigten und klären Sie den Verbleib des Kindes.

35. Das Kind hat den Bus verpasst. Bin ich erneut aufsichtspflichtig, wenn es zurückkommt?

Mit dem Ende der Betreuungszeit endet auch Ihre Aufsichtspflicht. Sie sind nicht mehr für die Betreuung des Kindes verantwortlich. Ob Sie das Kind dennoch weiter betreuen, liegt in Ihrem Ermessen. Bedenken Sie dabei jedoch, dass Sie bei einer erneuten Betreuung auch die Verantwortung übernehmen und dies entgegen des erteilten Betreuungsauftrages. Sollte etwas passieren, tragen Sie die Verantwortung und müssen die Situation gegebenenfalls rechtfertigen. Sollte es sich um ein Kind handeln, welches zu einer früheren Abholzeit geht und das Zurückkommen damit noch in die laufende Betreuungszeit fällt, können Sie entscheiden, ob Sie die Eltern informieren und bis zu deren Eintreffen oder bis zum nächsten Bus das Kind weiter betreuen. Lassen Sie sich die verlängerte Betreuungszeit für diesen Tag bestenfalls bestätigen (4-Ohren-Prinzip, SMS, E-Mail).

36. Bin ich aufsichtspflichtig, wenn das Kind zwischendurch andere Angebote wahrnimmt (z. B. Musikunterricht) und wieder zur Betreuung zurückkommt?

Ihre Aufsichtspflicht betrifft nur die Zeit, zu welcher das Kind sich auch in der Betreuung befindet. Verlässt das Kind die Betreuung zwischenzeitlich, geht in diesem Moment die Aufsichtspflicht an die Erziehungsberechtigten über. Kehrt das Kind nach der Aktivität in die Betreuung zurück, übernehmen Sie auch wieder die Aufsichtspflicht. Lassen Sie sich dennoch das Verlassen der Betreuung und die entsprechenden Zeiten unbedingt von den Erziehungsberechtigten schriftlich geben und holen Sie deren Einverständnis mitsamt Unterschrift ein.

37. Wie verhält es sich mit der Aufsichtspflicht zwischen Schul- und Betreuungszeit bzw. dem entsprechenden Weg von der Schule zur Betreuung?

In diesem Fall muss unterschieden werden zwischen einer Betreuung innerhalb des Schulgebäudes oder extern. Befinden sich die Betreuungsräumlichkeiten im Schulgebäude, so liegt die Aufsichtspflicht bis Schulschluss bei den Lehrern und beginnt erst mit Betreten der Betreuungsräume bei dem dortigen pädagogischen Personal (explizit sollten die genauen Abläufe in einem Kooperationsvertrag zwischen

Schule und Betreuung geklärt und die Eltern entsprechend aufgeklärt werden).
Liegen die Betreuungsräumlichkeiten außerhalb des Schulgeländes, obliegt die
Aufsichtspflicht bis Schulende den Lehrkräften und dem Betreuungspersonal mit
Eintreffen in der Betreuung. Die Aufsichtspflicht für den Weg dazwischen liegt bei
den Eltern.

38. Nicht alle Kollegen gehen ihrer Aufsichtspflicht gewissenhaft nach. Was kann ich tun?

In einer Schul- oder Betreuungseinrichtung muss jede Fachkraft der festgelegten
Aufsichtspflicht entsprechend ernsthaft nachkommen. Versuchen Sie zunächst die
Thematik/Problematik ohne ein konkretes Nennen der Person im Team (bestenfalls
in einer Teambesprechung) anzusprechen. So können Absprachen getroffen und
Regelungen in Erinnerung gerufen werden, ohne bereits jemanden zu beschuldigen
und in eine Rechtfertigungslage zu bringen. Prüfen Sie, welche konkreten Absprachen es gibt, wie und wo diese festgehalten sind und ob gegebenenfalls
Aktualisierungsbedarf besteht. Falls diese Maßnahmen nicht zum gewünschten Erfolg führen, sprechen Sie mit ihrer Leitungskraft und konkretisieren Sie den Fall.

39. Was kann ich tun, wenn Unterricht ausfällt, die Kinder früher vor der Tür stehen aber das Betreuungsteam nicht vollständig besetzt ist?

Leider wird der Ganztagsbetreuung oftmals nicht derselbe Stellenwert beigemessen
wie der Schule und den Lehrkräften. So entstehen Koordinations- und Absprache-
probleme, die grundsätzlich durch eine reibungslose Kommunikation zwischen
den Betroffenen behoben werden können. Nicht in der Betreuung angemeldete
Kinder können Sie aus versicherungstechnischen Gründen prinzipiell nicht betreuen, zu keiner Zeit. Die Aufsichtspflicht und die Pflicht zu Unterrichtsvertretung
liegt grundsätzlich bei der Schule. Ausgefallenen Unterricht müssen demnach die
Lehrkräfte vertreten und nicht Sie als Betreuungskräfte. Berufen Sie sich im Zweifel immer darauf. Sie können jedoch Absprachen mit der Schule treffen (diese unbedingt schriftlich festhalten!) und vereinbaren in Ausnahmefällen (die in der Betreuung angemeldeten Kinder) auch außerhalb der regulären Betreuungszeiten zu
betreuen.

Außengelände

40. Wir haben fast keine Spielsachen für Draußen, was können wir tun?

Wenn Sie über die nötigen finanziellen Mittel verfügen, können Sie geeignetes Spielmaterial einkaufen. Normalerweise können Betreuungseinrichtungen ein jährliches Budget abrufen. Fragen Sie bei Ihrem Arbeitgeber/Träger nach, wie groß dieses in Ihrem Fall ist, wie Sie vorgehen müssen, um es abrufen zu können und welche Vorgaben an die Ausgaben gebunden sind. Des Weiteren haben Sie die Möglichkeit einen Spendenaufruf zu starten, beziehen Sie die Eltern mit ein, schlussendlich sind ihre Kinder betroffen und freuen sich über schöne Spielsachen während der Betreuung. Spenden können nicht nur in Form von Geld eingehen, auch Sachspenden sind hilfreich. Darüber hinaus ist ein Zusammenschluss mit der Schule möglich, erkundigen Sie sich bei der Schulleitung, ob gemeinschaftliche Anschaffungen getätigt werden können. Verfügt Ihre Schule über einen Förderverein? Auch hier kann angefragt werden, ob finanzielle Kapazitäten zur Anschaffung von Spielgeräten vorhanden sind.

41. Wie groß sollte unser Außengelände sein?

Noch liegen keine Vorgaben zur angemessenen Größe des Außengeländes einer Schulbetreuung vor. Auch hier kann lediglich auf die Rahmenempfehlung für die pädagogische Schulkindbetreuung der Liga der freien Wohlfahrtspflege in Baden-Württemberg e. V.[2] verwiesen werden. Diese empfiehlt pro Kind 4 m^2 Außenfläche.

Viel wichtiger als die reine Größe, ist aber die Gestaltung des Außenbereichs. Welche Möglichkeiten haben die Kinder ihrem Bewegungs- und Gestaltungsdrang nachzukommen? Gibt es Klettergerüst, Schaukel oder andere Spielgeräte? Gibt es die Möglichkeit Fußball zu spielen? Sind Grasflächen und Rückzugsmöglichkeiten vorhanden? Eventuell stehen Fahrzeuge zur Verfügung und können für Abwechslung sorgen. Auch ein überdachter Teil des Außenbereiches findet bei den Kindern gerne Anklang. Dieser entlastet zudem die Betreuungsräume bei schlechtem Wetter.

---

[2] https://liga-bw.de/wp-content/uploads/2021/03/2021_02_08_LigaBW_Rahmen-empfehlung_Schulkindbetreuung.pdf

42. Muss unser Außengelände umzäunt sein?

Grundsätzlich muss das Außengelände/der Schulhof nicht eingezäunt, jedoch klar abgegrenzt sein. Schulhöfe sind geschützte Räume auf dem Schulgelände, ein Zaun kann dem besseren Schutz der Schüler dienen und die Aufsichtspflicht des Betreuungspersonals erleichtern. Gefahrenbereiche wie Straßen oder offene Gewässer können so abgegrenzt werden. Außerdem sind die Gebäude und Außenanlagen vor unbefugtem Zutritt geschützt.

Umzäunungen egal welcher Art müssen verletzungsarm gestaltet sein und dürfen nicht zum Klettern verleiten. Alle Zugänge, z. B. zum Parkplatz, zur Straße, zur Bushaltestelle oder zur Sporthalle sind so anzulegen, dass die Kinder nicht direkt in den Straßenverkehr gelangen können. Geländer, Hecken oder andere Abgrenzungen helfen den Schülern das Verlassen des Schulgeländes optisch zu verdeutlichen.

43. Darf ich mit den Kindern das Schulgelände verlassen?

Während der Schulzeit dürfen die Schüler nur mit Erlaubnis oder in Begleitung einer Lehrkraft das Schulgelände verlassen. Selbiges gilt für den Betreuungszeitraum. Findet die Betreuung nicht in der Schule statt, beginnt die Aufsichtspflicht erst mit dem Betreten der Räumlichkeiten vor Ort. Für die Zeit zwischen dem Verlassen der Schule und dem Ankommen in den Hort liegt die Verantwortung für das Kind bei den Eltern. Die Kinder dürfen während der Betreuungszeit das Schulgelände nicht verlassen. Bitten Sie auch die Eltern dies zu Hause mit Ihrem Kind zu besprechen. Sollte das Kind das Schulgelände doch unerlaubt verlassen, informieren Sie unverzüglich die Eltern (siehe Frage 34).

44. Durch unser Schulgelände führt ein öffentlicher Weg, kann ich die Kinder alleine draußen spielen lassen?

Klären Sie zunächst, welche Nutzungsordnung für den Schulhof und den hindurch verlaufenden Weg vorliegt. Oftmals wird nachmittags ein Betreten des Schulhofes für die Öffentlichkeit erlaubt. Wird der Weg viel genutzt und wenn ja, von welchem Klientel? Fühlen Sie sich unwohl, bitten Sie die Schulleitung um Unterstützung bei einer Anpassung der Nutzungszeiträume durch die Öffentlichkeit.

Sie können die Kinder unter Beachtung der Aufsichtspflicht dennoch draußen spielen lassen. Erklären Sie Ihnen die Situation und weisen Sie sie darauf hin, mit keinen fremden Menschen in Kontakt zu treten und bei Zwischenfällen direkt die aufsichtführende Person aufzusuchen. Lassen Sie zudem Kinder nie alleine im Außenbereich spielen oder alleine Wege zwischen den Gebäuden bewältigen.

Bedürfnisse

45. Oft fragen wir uns, warum können die Kinder sich nicht mehr in Ruhe auf ihre Hausaufgaben konzentrieren?

Nicht selten liegt die Antwort hier auf der einfachen Tatsache, dass diese Schüler andere Bedürfnisse haben. Sind die Grundbedürfnisse (Essen, Schlafen, Trinken sowie z. B. Sicherheit und soziale Kontakte) nicht erfüllt, so ist es schwer, alle Hausaufgaben vollständig zu haben, oder an das Lineal für Mathe zu denken. Diese Kinder haben ganz andere Sorgen und Nöte. Schulmaterial kann bei ihnen wieder oben auf der Prioritätenliste stehen, sobald die (lebensnotwendigen) Bedürfnisse befriedigt sind (siehe dazu auch Frage 50). Bedenken Sie, dass die Kinder vielleicht schon den gesamten Vormittag viel stillsitzen und aufpassen mussten. Bieten Sie Alternativen an, manche Kinder arbeiten lieber im Stehen, auf dem Boden, auf Sitzsäcken oder in Ruhe auf dem Flur oder im Nebenraum. Andere haben das Bedürfnis nach Beachtung, wenn Sie es leisten können, setzen Sie sich zeitweise dazu. Auch können fitte Mitschüler einen kleinen Auftrag erhalten und schwächere Kinder unterstützen. So tun Sie beiden etwas Gutes, das schwächere Kind erhält Hilfe, das fittere Kind erhält Bestätigung.

Ergänzende Information Die elektronische Version dieses Kapitels enthält Zusatzmaterial, auf das über folgenden Link zugegriffen werden kann [https://doi.org/10.1007/978-3-658-50731-2_2].

46. Warum können die Kinder nicht mehr friedlich miteinander spielen?

Ein friedvolles Miteinander ist bei den verschiedenen Charakteren, Vorstellungen und Wünschen der Kinder nicht immer einfach und erfordert soziale Kompetenzen (siehe dazu Frage 284). Viele Kinder weisen heutzutage jedoch dahingehend Schwächen auf und haben nicht gelernt, wie sie ihre eigenen Gefühle und Emotionen und auch die der anderen Kinder wahrnehmen und deuten können. So kann es viel leichter zu Konflikten und Streitereien kommen.

Die angesprochenen sozialen Kompetenzen umfassen Kriterien wie Werte, Verhaltensweisen, Empathie und Kritikfähigkeit und legen damit den Grundstein für ethische Maßgaben und Regeln, die ein harmonisches Zusammensein in Gruppen ermöglichen. Konkret wissen sozial kompetente Kinder, wie sie sich in Gruppen angemessen verhalten, sie verstehen die Verhaltensweisen der Gruppe, können ihr Verhalten und das der anderen Kinder reflektieren und ermöglichen damit sich selbst eine leichte Integration in die Gruppe.

Wenn es den Kindern jedoch vermehrt an Einfühlungsvermögen und Lösungsstrategien fehlt und sie mit Gefühlen wie Wut, Angst oder Traurigkeit nicht mehr umzugehen wissen wird die Gruppenzeit dadurch beeinträchtigt.

47. Warum ist es oftmals beim Mittagsessen so laut?

Kinder möchten sich mitteilen und gehört werden. Sie müssen zudem nicht selten schon eine lange Zeit am Vormittag während des Unterrichts leise sein. Das Mittagessen ist meist die erste Möglichkeit, mit den anderen ins Gespräch zu kommen. Tauschen sich alle Kinder aus, wird es laut. Versuchen Sie die Gruppen während des Mittagessens möglichst klein zu halten, stellen Sie klare Verhaltensregeln auf und installieren Sie Ruhezeichen oder Lärmampeln (schreien sollten die Kinder beispielsweise nicht), stellen Sie eine kommunikative Sitzordnung her, sodass die Kinder mit möglichst vielen anderen Kindern ins Gespräch kommen können ohne weite Wege mit Lautstärke überbrücken zu müssen (z. B. Gruppentische).

Auch das Mobiliar, die Raumgröße und die Deckenhöhe können hohe Lärmpegel beeinflussen. Akustikdecken, Schallschutzwände oder Vorhänge können hier Abhilfe schaffen.

48. Welche Bedürfnisse haben die Kinder während der Betreuungszeit?

Aus einem bewusst oder unbewusst erlebten Mangel oder einer schwierigen Lage heraus entstehen Bedürfnisse, welche nicht immer sofort erkennbar und auflösbar sind. Tritt beispielsweise ein Konflikt ein oder handelt ein Kind nicht regelkonform oder benimmt sich auffallend, überlegen Sie zunächst einmal, was hinter diesem Verhalten stecken könnte und welche Bedürfnisse vielleicht nicht befriedigt sind, bevor Sie direkt auf die Handlungsebene gelangen und die Situation lösen möchten. Das Deuten von Bedürfnissen ist nicht eindeutig und erfordert oftmals unterschiedliche Varianten und Ansätze. Im Betreuungsalltag kann es auch vorkommen, dass die Entschlüsselung der Kinderwünsche schlicht nicht möglich ist. Viele Kinder müssen noch lernen mit Situationen zurecht zu kommen, in welchen ihre Bedürfnisse nicht unmittelbar befriedigt werden können. Und denken Sie immer daran, auch Sie haben Bedürfnisse.

Die Anzahl der Bedürfnisse im Betreuungsalltag ist immens. Zunächst muss im Rahmen der Grundbedürfnisse zwischen materiell-existenziellen Bedürfnissen und seelisch-psychischen Bedürfnissen unterschieden werden. Dabei ist erstere, welche gesicherte Wohnsituation, sicheres Umfeld und Gesundheitsfürsorge umfasst, Grundvoraussetzung für zweitere, welche Beziehungen, Liebe, Gefühle, Anerkennung, Wertschätzung und Wissen beinhaltet.

Vereinfacht kann man sagen, dass Bedürfnisse Gefühle auslösen und diese dann ein Verhalten generieren, welches wir wahrnehmen. Es ist nun an uns, das verdeckte Bedürfnis hinter diesem Verhalten zu ergründen. Dabei müssen wir allerdings das gezeigte Verhalten, wenn es denn falsch ist, nicht tolerieren. Wichtig ist, beobachten, fragen und hinterfragen Sie und machen Sie Angebote. Fragen Sie dabei nie nach dem „Warum", oft können Kinder selbst den Grund gar nicht benennen. Gehen Sie immer auf das Kind zu und zeigen Sie Wertschätzung.

49. Was braucht ein Kind, um sich in seiner ganzen Persönlichkeit gesund entwickeln zu können? Wie kann Ganztagsschule dies berücksichtigen?

Neben den zuvor genannten Grundbedürfnissen sind die kindlichen Bedürfnisse in der Schulbetreuung der Schlüssel zu allem Handeln der Betreuungskräfte. Die Kinder benötigen verlässliche Strukturen und Bezugspersonen, die ihnen Geborgenheit bieten und für sie da sind. Klare Regeln und Rahmenbedingungen, fest-

Abb. 1 Bedürfnispyramide nach Maslow. Eigene Darstellung

gelegte Abläufe, zugewiesene Räumlichkeiten und konstantes Betreuungspersonal sind dafür unerlässlich. Zum Festigen der Sozialkompetenz ist das Zusammensein mit anderen Kindern, das gemeinsame Spiel und der Austausch untereinander sehr wichtig. Aber auch Raum für eigenständige Aktivitäten ohne die Anleitung durch Erwachsene muss gegeben sein, damit die Kinder lernen, sich Herausforderungen zu stellen und diese alleine zu bewältigen. Erfolge ohne Leistungsdruck stärken Selbstvertrauen und Selbstwirksamkeit. Hierfür müssen Zeit, personelle, materielle und räumliche Ressourcen in ausreichendem Maß zur Verfügung stehen. Da bereits während des Unterrichts die Bewegungsmöglichkeiten der Kinder eingeschränkt sind, diese aber Zeiten für Bewegung und Körpererfahrung brauchen, muss die Betreuung entsprechende Phasen vorsehen. Bewegung ist gerade in der heutigen Zeit wichtig für die körperliche Fitness und das Wachstum, für die emotionale Ausgeglichenheit der Kinder und die Abspeicherung des Gelernten und damit für den Lernerfolg. Ein zur Bewegung anregender Betreuungsraum und ein entsprechendes Freigelände bieten hier optimale Möglichkeiten. Darüber hinaus benötigen Kinder aber auch Phasen der Ruhe und Entspannung. Rückzugsmöglichkeiten schaffen dafür die passende Gelegenheit, um mit Abstand zur Gruppe individuelle Erfahrungen, Eindrücke und Emotionen zu verarbeiten.

Gemeinsame Mahlzeiten bieten Raum zum Austausch und den Kindern die Möglichkeit zu erzählen, was sie erlebt haben und was sie beschäftigt. Wird eine Hausaufgabenbetreuung angeboten, muss hier ein möglichst ablenkungsfreies Umfeld geschaffen werden, welches konzentriertes Lernen und Arbeiten mit festen Abläufen ermöglicht. Grundsätzlich sorgen klare Regeln und ein klares pädagogisches Konzept für die nötige Sicherheit und Orientierung. Durch feste Bezugspersonen werden ein vertrauensvolles Umfeld mit der nötigen Unterstützung geschaffen und gemeinschaftliche Werte für die Kinder erfahrbar gemacht.

50. Was ist die Bedürfnispyramide nach Maslow?

Die Maslowsche Bedürfnispyramide ist eine theoretische Grundlage der Sozialpsychologie, welche Motivationen und Bedürfnisse des Menschen beschreibt und erklärt. Sie hilft uns, die Bedürfnisse der Kinder besser zu verstehen und darauf eingehen zu können. Die Bedürfnisse sind dabei in fünf Kategorien eingeteilt und aufeinander aufbauend dargestellt. Als elementare Grundbedürfnisse gelten neben dem körperlichen Wohlbefinden, essen, trinken und schlafen. Sind diese physiologischen Bedürfnisse gestillt, bauen darauf die sogenannten Sicherheitsbedürfnisse auf. Hierzu zählen beispielsweise die Wohn- und finanzielle Situation. Die nächste Ebene befasst sich mit der sozialen Komponente. Mobbing oder Ausgrenzung können großen Schaden anrichten, Freundschaften und ein intaktes Elternhaus hingegen bieten Schutz, Anerkennung und Liebe. Zu guter Letzt geht es bei Wertschätzung und Selbstverwirklichung um die sogenannten Ich-Bedürfnisse. Erfolg, Freiheit und Wertschätzung sorgen für ein gutes Wohlbefinden und gipfeln in der Möglichkeit der vollkommenen Ausschöpfung des eigenen Potenzials (Abb. 1).

Belohnungssystem

51. Kann ich den Schülern für gutes Verhalten eine Belohnung geben?

Das Lob für ein positives Verhalten ist ein wichtiger Punkt im Betreuungsalltag. Dabei zählt gar nicht so sehr, welche Belohnung vergeben wird, sondern vielmehr, wie sie vergeben wird. Sagen Sie dem Kind einfach einmal direkt, wie zufrieden

Sie mit ihm oder seinem Verhalten sind. Damit wird eine Vertrauensbasis geschaffen und das Kind motiviert diese Leistung zu wiederholen. Auch ein lachender Smiley im Heft, ein Stempelmotiv oder eine kurze Notiz ohne weitere Worte sind ein Zeichen von Lob und Wertschätzung. Viele Kinder freuen sich über Zeit und Aufmerksamkeit oder ein Zugeständnis im Rahmen ihrer Wünsche (z. B. spielt man gemeinsam ein Spiel ihrer Wahl). Benachrichtigungen an die Eltern müssen nicht immer negativ ausfallen, nehmen Sie Telefon oder Stift zur Hand und informieren Sie die Eltern doch einmal über ein positives Verhalten oder Erlebnis mit ihrem Kind. Die Gruppendynamik innerhalb der Betreuung bietet zudem eine gute Grundlage für die Einführung eines Belohnungssystems. Hier können beispielsweise Punkte oder Smileys gesammelt werden oder man findet ein anderes vergleichendes System wie die Ampel mit den drei kategorisierenden Farben grün, gelb und rot. Bei gutem Verhalten befinden sich die Namensschilder im grünen Bereich, bei schlechtem Verhalten wandern diese über gelb nach rot. Alternativ kann auch das Teich-Frosch-Modell genutzt werden. Die Namensschilder in Form von Fröschen sitzen in bzw. um einen gemalten oder gebastelten Teich und verändern je nach Verhalten ihre Position. Der Fantasie sind hier keine Grenzen gesetzt. Nach einem festgelegten Zeitraum erhalten die Kinder kleinere Geschenke, es gibt mal ein Eis oder man unternimmt gemeinsam einen tollen Ausflug. Erhöhen Sie den Anreiz, indem Sie die Kinder miteinbeziehen und beispielsweise das Ausflugsziel selbst bestimmen lassen.

52. Wie kann ich die Kinder richtig und motivierend belohnen?

Damit die Belohnung ihren besonderen und unerwarteten Effekt beibehält, kündigen Sie diese nicht im Vorfeld schon an und vermeiden Sie ein zu häufiges Belohnen, um einen Gewohnheitseffekt zu vermeiden. Fällt dann nämlich die Belohnung einmal aus, besteht die Gefahr, dass die Kinder frustriert reagieren. Außerdem verlieren besondere Leistungen durch zu häufiges Belohnen an Bedeutung.

Belohnen Sie nicht nur Leistungen, sondern auch gutes Verhalten, freiwillig erledigte Arbeiten oder besondere Anstrengungen, die über das Geforderte hinausgehen. So lässt sich für jedes Kind eine passende Situation zur Belohnung finden und niemand bleibt außen vor. Selbstverständliche Leistungen hingegen sollten nicht besonders belohnt werden. Knüpfen Sie Belohnungen nicht an zuvor genannte Bedingungen, Sie möchten die Kinder nicht bestechen, sondern in passenden Situationen bestärken und loben.

Beratung

53. Was bedeutet Beratung im Schul- und Betreuungskontext?

In der pädagogischen Arbeit kann fast jeder Art der Kommunikation ein Beratungscharakter unterstellt werden. Mimik, Gestik, das Darlegen des Standpunktes oder das Erteilen von Ratschlägen sind nur einige Beispiele. Beratung kann daher zufällig, gezielt, bewusst oder unbewusst erfolgen. Beratungsprozesse innerhalb der Schule können sich auf einzelne Schüler, deren soziales Umfeld, aber auch auf das Kollegium beziehen. Grundlage für eine gelungene Beratung bilden Vertrauen, Akzeptanz und Wertschätzung. Je nach Kontext können verschiedene Beratungsmethoden angewandt werden. Als Beratung in Form von Informationsweitergabe gelten Elternabende oder auch Elternbriefe. Eine Beratung in Form einer Entscheidungshilfe geht über die reine Informationsvermittlung hinaus und fokussiert sich auf gewisse Einzelfälle. Hier wären Empfehlungs- oder Elterngespräche zu nennen. Den größten Anteil nimmt sicherlich die Beratung als Problemlösungshilfe ein, hier stehen oft Lern- oder Verhaltensproblematiken im Mittelpunkt. Zuletzt nimmt die Beratung der Eltern und Erziehungsberechtigten eine nicht zu unterschätzende Rolle ein.

Zu beachten gilt bei Beratungen jeder Art, dass die pädagogischen Probleme oft sehr komplex und nicht ohne Weiteres zu lösen sind. Gute Lösungen benötigen Zeit und den Willen aller Beteiligten zur Veränderung.

54. Welche Kompetenzen benötigt ein Berater?

Die notwendigen Kompetenzen lassen sich in drei übergeordnete Bereiche untergliedern:

(a) Handlungskompetenz („handwerkliches Rüstzeug"):
- Gesprächsmethoden kennen
- Zuhören können (!)
- Paraphrasieren der Aussagen des Ratsuchenden
- sich auf die Sprache der Ratsuchenden einlassen
- Beratungsbedarf präzise erfassen, ggf. nachfragen
- ggf. emotionale Erlebnisinhalte verbalisieren
- zeitlichen Rahmen setzen

- das Wesentliche herausarbeiten, konkret, prägnant und systematisch
- antworten
- keine Plattitüden von sich geben (etwa „Es ist normal, verschieden zu sein")
- die Beratungssituation einladend gestalten
- auf Freiwilligkeit achten.

(b) Wissenskompetenz:
- spielt besonders in der Informationsberatung eine Rolle
- besondere Kompetenzen in fachdidaktischen Problemstellungen
- theoretisches Wissen über Lern- und Entwicklungsprozesse von Kindern als Basis für die psychosoziale Beratung des Umfeldes, insbesondere der Eltern, aber auch von Kolleginnen und Kollegen (etwa im Rahmen kollegialer Supervisionsprozesse)
- Wissen über weitere Möglichkeiten der Beratung, wenn die eigenen Kompetenzen als nicht hinreichend zur Lösung des Problems erkannt worden sind.

(c) persönliche Kompetenzen
- Empathie als Fähigkeit, sich in die emotionale Lage, das innere Erleben und Fühlen der oder des Ratsuchenden einfühlen zu können,
- Wertschätzung als Fähigkeit, der oder dem Ratsuchenden mit emotionaler Wärme und Respekt zu begegnen
- Echtheit als Fähigkeit, sich (selektiv) authentisch in Beratungssituationen zu verhalten
- Distanz als Fähigkeit, sich als Beraterin oder Berater nicht mit dem Beratungsbedürfnis respektive den zugrunde liegenden Problemlagen zu identifizieren und in der Folge die für die Problemlösung notwendige Klarheit zu verlieren.

Welcher Bereich am wichtigsten ist, hängt von der Art und Funktion der Beratung ab, es lässt sich jedoch festhalten, je komplexer das Beratungsanliegen ist, desto größer muss das Kompetenzprofil der beratenden Kraft sein. Darüber hinaus ist die Grundvoraussetzung für eine Beratung, dass sich der Berater dieser Aufgabe auch annehmen kann und will. Geht eine Beratung über die reine Wissensvermittlung hinaus und erfordert zusätzlich beispielsweise Unterstützung sozial-emotionaler Art, ist rein thematisches Wissen nicht mehr ausreichend, und es kann die Sicherstellung einer qualitativ guten Beratung nur über Hinzuziehen entsprechend geschulten Personals oder den Besuch von Fortbildungen gewährleistet werden. Der Bereich der Beratung im pädagogischen Kontext wird verlassen, sobald offensichtlich therapeutische Maßnahme eingeleitet werden müssen.

Grundsätzlich sollte im Vorfeld oder zu Beginn des Gesprächs herausgefunden werden, ob eine Beratung gewünscht ist. Ein „Ratschlag" kann auch immer als „Schlag" empfunden und verstanden werden. Der Betroffene fühlt sich dann inkompetent, unwissend oder nicht gut genug, was häufig zu Ablehnung oder Widerstand führt. Um eine solche Situation zu vermeiden, können Sie mit Fragen arbeiten, z. B. „Was haben Sie schon ausprobiert? Was hat gut funktioniert und warum? Was hat eventuell nicht so gut funktioniert und woran lag dies? Welche Idee haben Sie zu der Situation? Was könnte im besten Fall passieren? Was könnte im schlimmsten Fall passieren?"

Beschwerdemanagement

55. Wozu dient ein Beschwerdemanagement?

Innerhalb der Schule, als ein Lebensraum, in dem Menschen verschiedenen Alters, mit unterschiedlichen Interessen und Ansichten aufeinandertreffen, gehören auch Konflikte zum Alltag. Ein Beschwerdemanagement dient dem systematischen und zielorientierten Umgang mit solchen Konflikten mit dem Ziel einer lösungsorientierten Herangehensweise. Ein umfassendes und transparentes Beschwerdemanagement soll allen Beteiligten in der Schule verlässliche Wege für den Beschwerde- und Konfliktfall aufzeigen. Dabei sollte Kommunikation für Vertrauen und Transparenz sorgen. Ein Konflikt gilt als bewältigt, wenn alle Beteiligten wieder ungestört handeln können. Rückmeldungen, auch in Form von Beschwerden können auch als Auslöser für positive Entwicklungsschritte aufgenommen werden und als „Frühwarnsystem" dienen, um etwaige Probleme rechtzeitig zu bearbeiten (lesen Sie dazu mehr unter dem Stichwort Konfliktmanagement Frage 162).

56. Wie können wir mit Beschwerden von Kindern, Erziehungsberechtigten oder Lehrkräften umgehen?

Im ersten Schritt sollte das direkte Gespräch mit den am Konflikt beteiligten Personen gesucht werden, mit dem Ziel eine für beide Seiten annehmbare Lösung zu finden und damit eine weitere vertrauensvolle Zusammenarbeit zu ermöglichen. Die Inhalte eines solchen Gesprächs werden vertraulich behandelt und es herrscht ein respektvoller Umgangston. Entscheidend ist, dass Konflikte immer dort gelöst werden, wo sie entstehen, und erst dann nächste Instanzen eingeschaltet werden, wenn keine einvernehmliche Lösung gefunden werden konnte. Zur Klärung von

Beschwerden muss sich ausreichend Zeit genommen und ein ruhiger Raum genutzt werden. Auf keinen Fall kann solch ein Gespräch zur zielführenden Lösung von Konflikten und Beschwerden zwischen „Tür und Angel" verlaufen. Im Verlauf des Gespräches sollte mit entsprechender Absprache eine kurze schriftliche Dokumentation angefertigt werden, um später auf Vereinbarungen zurückgreifen zu können.

Anonyme Beschwerden werden aufbewahrt, um bei Bedarf darauf reagieren zu können, eine unmittelbare Reaktion kann nicht zielführend stattfinden. Sie bieten jedoch die Möglichkeit, über eine Situation zu reflektieren und gegebenenfalls etwas (am eigenen Verhalten) zu ändern.

57. Gibt es einen Ansprechpartner für Beschwerden?

Es ist sinnvoll einen festen Ansprechpartner für den Umgang mit Beschwerden im Team festzulegen. Diese Person führt die entsprechende Dokumentation und behält den Überblick über den Verlauf der Beschwerden. Auch ist es sinnvoll, dass sie gegebenenfalls geschult ist im Rahmen von Kommunikationsführung und Konfliktlösung.

58. Wie sieht der Ablauf im Umgang mit einer Beschwerde aus?

Bei einem Konflikt zwischen Kindern und den pädagogischen Mitarbeitern der Betreuung sollte zunächst ein Gespräch zwischen den beteiligten Parteien und den Eltern des Schülers stattfinden. Ist dieses nicht zielführend werden weitere Mitarbeiter vertrauensvoll hinzugezogen und zu guter Letzt die Einrichtungsleitung um Unterstützung gebeten.

Bei Konflikten zwischen Eltern und den pädagogischen Mitarbeitern der Betreuung wird zunächst ein telefonischer oder persönlicher Gesprächstermin vereinbart, um auf sachlicher Ebene ein klärendes Gespräch zu führen. Kann in diesem Gespräch keine einvernehmliche Lösung gefunden werden, wird die Leitung hinzugezogen, um die Probleme im Interesse der Kinder und auf Basis der Einrichtungsregeln zu lösen. Wird in diesem Schritt ebenfalls keine Lösung gefunden, kann eine Beschwerde bei übergeordneter Stelle (Träger oder Schulverband) eingereicht werden.

59. Welche rechtlichen Grundlagen hat das Beschwerdeverfahren?

Das Partizipationsrecht von Kindern und Eltern ist im achten Buch Sozialgesetzbuch (SGB VIII) definiert und sagt aus, dass Kinder entsprechend ihrem Entwicklungsstand an allen Entscheidungen, die sie persönlich betreffen, beteiligt werden sollen. Die Kinder lernen im Rahmen der Demokratiebildung ihre Bedürfnisse wahrzunehmen und sich für ihre Interessen einzusetzen. In Artikel 17 des Grundgesetzes ist geregelt, dass sich grundsätzlich alle Menschen beschweren dürfen, wenn sie mit etwas unzufrieden sind. Dabei spielt das Alter keine Rolle, auch Kinder dürfen ihre Beschwerden an der zuständigen Stelle (z. B. Betreuungskraft, Lehrkraft, Schulleitung) vorbringen und dürfen in diesem Rahmen ebenso Verbesserungen oder Veränderungen vorschlagen.

60. Welcher Gedanke steht hinter dem Beschwerderecht von Kindern?

Beschwerden von Kindern bringen unerfüllte Bedürfnisse zum Ausdruck, wobei diese verbal als auch durch das jeweilige Verhalten geäußert werden können. Erwachsene sollten diese Bedürfnisse ernst nehmen, es geht präventiv um den Schutz des Kindes. Erst wenn Kinder erfahren, dass ihre Beschwerden anerkannt werden, können sie lernen, eigene Anliegen klarer zu äußern. Selbst wenn manche Ursachen harmlos oder trivial erscheinen – die Erwachsenensicht spielt hier keine Rolle. Oftmals sind die Verbesserungsvorschläge von Kindern sehr gut, da sie die Sachen, die ihnen Probleme bereiten aus ihrem Alltag am besten kennen und ohne Ausschmückung zum Ausdruck bringen.

61. Wie ermutigen wir die Kinder, sich zu beschweren?

Wichtig ist vor allem das Beschwerdeverfahren mit den Kindern gemeinsam zu entwickeln und damit den Kindern zu verdeutlichen, dass sie mit ihrer Beschwerde etwas bewirken und in ihrem Interesse verändern können. Dass nicht jeder Wunsch erfüllt werden kann, ist den Kindern zu erklären und diese verstehen dies meist auch. Zum Sammeln von Beschwerden gibt es diverse Möglichkeiten:

- ein „Beschwerdebriefkasten", in welchen kleine, mit der Beschwerde versehene Zettel, eingeworfen werden können. Hier ist das Thema zunächst nicht für jeden sichtbar und die Mitarbeiter können entscheiden, ob das Thema mit der gesamten Gruppe oder in einem engeren Rahmen behandelt wird.
- eine „Beschwerdewand" an welche die mit der Beschwerde versehenen Zettel angeheftet werden können. Hier ist die Thematik jederzeit für alle einsehbar.
- natürlich jederzeit durch eine persönliche Ansprache bei der entsprechenden (Betreuungs-)Person.

62. Wie beteiligen wir die Kinder am Lösungsprozess?

Grundsätzlich sollten den Kindern keine Lösungen vorgegeben werden. Es geht primär nicht nur um das Ergebnis, sondern auch um den Lösungsweg. Das Kind soll lernen, eigene Ideen und Lösungsansätze einzubringen und sich kompetent und selbstwirksam erleben. Die Kinder lernen, ihre Bedürfnisse zu äußern, die Wünsche anderer zu respektieren und Lösungen gemeinsam auszuhandeln.

Bewegung

63. Welche Rolle spielt Bewegung im Ganztag?

Die Alltagsbewegung und der Bewegungsumfang von Kindern hat sich in den letzten Jahren kontinuierlich verschlechtert. Kinder bewegen sich oftmals nur noch auf dem Schulweg und den wenigen Sportunterrichtsstunden. Bewegung, Spiel und Sport sind damit unverzichtbare Bestandteile des ganztägigen Betreuungsangebots und erfordern damit eine bedarfsgerechte Ausstattung mit Bewegungs- und Sportangeboten an Schulen.

Durch die längere tägliche Verweildauer der Kinder in der Schule spielt dort die Bewegungsförderung für ein gesundes Aufwachsen und eine gesunde Entwicklung eine bedeutende Rolle. Bewegung hilft beim Umgang mit psychischen Belastungen, bietet einen Ausgleich zum Alltag und fördert Teamgeist und Gemeinschaftsgefühl. Aber auch die körperliche Fitness und die Konzentrations- und Lernfähigkeit werden durch Sport und Bewegung unterstützt.

64. Welche Bewegungsangebote können wir im Rahmen des Ganztags anbieten?

Im Rahmen des Ganztagsangebotes sollte darauf geachtet werden, dass den Kindern die größtmögliche Bewegungsfreiheit ermöglicht wird und die Kinder ausreichend Platz zur Verfügung haben. Steht eine Turnhalle zur Verfügung bietet diese sich als ergänzender Raum an (Achtung Aufsichtspflicht siehe Frage Nummer 8). Auch Spiel- und Sportplätze in der näheren Umgebung können das Bewegungsangebot ergänzen. Regelmäßige Sport- und Entspannungsangebote und Materialien wie Bälle, Seile, Fahrzeuge etc. zur freien Verfügung mobilisieren die Kinder zusätzlich. Kooperationen mit ortsansässigen Sportvereinen oder ÜbungsleiterInnen schaffen Entlastung und weitere Möglichkeiten der Bewegung. Grundsätzlich wissen Kinder, was sie brauchen und was ihnen gut tut. Beziehen Sie die Kinder in die Planung der sportlichen Aktivitäten mit ein, klären Sie die Bedürfnisse der Kinder und Fragen Sie gezielt nach Wünschen und Ideen.

65. Welche Bedeutung hat die motorische Entwicklung von Kindern?

Motorische Fähigkeiten sind von großer Bedeutung, da sie dazu beitragen, dass Kinder ihre Umgebung erkunden und neue Erfahrungen sammeln können. Durch das Verbessern der motorischen Fähigkeiten wird neben der Koordinationsfähigkeit, dem Gleichgewichtssinn und dem räumlichen Bewusstsein vor allem auch die Selbstständigkeit trainiert. Gute motorische Fähigkeiten ermöglichen ein selbstständiges Bewegen, Anziehen und Essen und das eigenständige Erledigen von Aufgaben. Auch für das Lernen und die Entwicklung stellen die motorischen Fähigkeiten eine Grundlage dar, lernen Kinder auch durch Bewegung mit ihrer Umwelt zu interagieren, Probleme zu lösen und soziale Beziehungen aufzubauen. Die Förderung der körperlichen und geistigen Gesundheit, die Stärkung des Immunsystems und der Spaß an Bewegung sind weitere positive Aspekte.

66. Wie kann ich die motorischen Fähigkeiten fördern?

Schaffen Sie Bewegungsmöglichkeiten und Anreize, dass die Kinder sich selbstständig zur Bewegung motivieren. Bieten Sie Raum und Möglichkeiten zur kreativen Entfaltung und Erkundung von Neuem. Egal, ob Seilspringen, Ballspiele,

Klettern oder das Aufbauen eines Parcours, bieten Sie Spielräume im Freien an. Aber auch im Innenbereich gibt es tolle Beschäftigungsmöglichkeiten: Tonen, Basteln, Malen oder Häkeln schaffen positive Anreize. Gemeinsame Aktionen zur Oster- oder Weihnachtszeit, das Verschönern des Gruppenraums oder gemeinsames Kochen oder Backen vermitteln spielerisch neue motorische Fähigkeiten.

Bildungsbereiche

67. Was sind Bildungsbereiche in der Schulkindbetreuung?

Eine gute Unterstützung, auch während der Betreuung, ist nicht nur für die Persönlichkeitsentwicklung der Kinder sehr wichtig, sondern bildet auch die Basis für die weitere gesellschaftliche Partizipation und eine erfolgreiche Schullaufbahn. Folgende Bildungsbereiche sind dabei für die kindliche Entwicklung, die Entfaltung der individuellen Potenziale und das lebenslange Lernen von Bedeutung:

- Bewegung, Geschicklichkeit und Ernährung
- sprachliche Entwicklung
- motorische Entwicklung
- soziale und kulturelle Bildung
- naturwissenschaftliche und technische Bildung
- musische und ästhetische Bildung.

Die Ganztagsbetreuung als Bildungseinrichtung hat auch einen Bildungsauftrag. Viele Schulen haben sich hier Schwerpunkte ausgesucht, welche auch in der Nachmittagsbetreuung übernommen werden können.

68. Wie kann Selbstbildung gefördert werden?

Unabhängig von kultureller, sozialer oder religiöser Herkunft hat jedes Kind ein Recht auf Bildung. Die Aufgabe der Betreuungskräfte liegt darin, die Ressourcen eines jeden Kindes zu erkennen und es entsprechend zu fördern und zu unterstützen. Vor allem die Stärkung der Selbstbildungspotenziale steht dabei im Fokus, wobei die Kinder lernen sollen, ihre Möglichkeiten eigenaktiv zu nutzen und auszuschöpfen. Dabei helfen unter anderem eine klare Tagesstruktur, Regeln und eine positive Sozialkompetenz. Im Rahmen Ihrer Aufgabe als pädagogische Fachkraft

haben Sie verschiedene Möglichkeiten die Selbstbildungskräfte und bildungs-
aktiven Verhaltensweisen des Kindes zu stärken und zu schulen:

- behandeln Sie das Kind und sein Tun wertschätzend und zeigen Sie Respekt,
  nehmen Sie auch kindliche Äußerungen ernst
- ermutigen Sie das Kind seine Gefühle zu äußern und zu diesen zu stehen
- stellen Sie Raum, Zeit und Materialien zur Verfügung, welche den Interessen
  der Kinder entsprechen und eine Förderung begünstigen
- leben Sie Partizipation im Betreuungsalltag
- stärken Sie das Kind bei herausfordernden Situationen

69. Welche konkreten Bildungsbereiche gibt es?

Die Bildungsbereiche können in jeder Einrichtung individuelle Schwerpunkte haben, je nachdem welche Bedürfnisse die jeweiligen Kinder vor Ort haben. Die Be-
darfe der Kinder spielen neben den vorhandenen Ressourcen und Kompetenzen bei
der Festlegung der Bildungsschwerpunkte eine entscheidende Rolle. Folgende
Bildungsbereiche können beispielhaft Beachtung finden:

(a) Bewegung und Sport
   Bewegung unterstützt die Konzentrationsfähigkeit sowie das physische und
   psychische Wohlbefinden. Aktivität sorgt für eine ausreichende Sauerstoffver-
   sorgung des Gehirns und sorgt für ein Kennenlernen des eigenen Körpers, der
   eigenen Fähigkeiten und Kompetenzen.

(b) Förderung und Hausaufgabenbetreuung
   Für eine ruhige Arbeitsatmosphäre sollten gute Rahmenbedingungen vorlie-
   gen und entsprechendes Personal die Kinder begleiten. Förderunterricht am
   Nachmittag durch die Lehrkräfte kann schwächeren Schülern helfen.

(c) Kreativität, Kunst und Spiel
   Spielen und Kreativität beeinflussen maßgeblich die soziale und emotionale
   Entwicklung der Kinder. Die Kinder probieren sich aus, setzen eigene Ideen
   um, finden Lösungen für Probleme und all das mit Freude und Interesse. Diese
   kreative Auseinandersetzung mit der Umwelt sorgt für eine gute Entwicklung
   und Erfahrung für alle Sinne. Kreative Projekte lassen die Kinder ihre persönlichen Fähigkeiten und Fertigkeiten ausloten und sie trainieren dabei Hand-
   lungsfähigkeit und Selbstwirksamkeit.

(d) Natur, Umwelt und Gesundheit
Der achtsame Umgang mit der Natur lässt die Kinder Zusammenhänge erkennen und Naturphänomene verstehen lernen. Auch eine gesunde Ernährung
spielt dabei eine Rolle. Das Mittagessen als sozialer Treffpunkt trägt zum
Wohlbefinden bei.

(e) Soziales Miteinander
Das soziale Miteinander beeinflusst das persönliche Wohlbefinden. Die Regeln
und Strategien der Kommunikation müssen erlernt und visualisiert werden,
damit die Kinder sich gut entwickeln und entfalten können. Wertschätzung und
Respekt unterstützen die Entwicklung und ein vertrauensvolles Umfeld be-
stärkt Kinder darin, sich auszuprobieren und sich etwas zuzutrauen.

(f) Sprache und Kommunikation
Der Austausch zwischen Kindern und auch zwischen Erwachsenen muss erlernt, erlebt und begleitet werden. Kommunikation ist die Grundlage für ein
gutes Miteinander und stabile Beziehungen geprägt von Akzeptanz, Vertrauen,
Respekt und Wertschätzung.

Bildungspartnerschaft

70. Was bedeutet Bildungspartnerschaft?

Unter einer gelungenen Bildungspartnerschaft versteht man die Zusammenarbeit
von pädagogischem Fachpersonal und den Eltern, welche sich in der gemeinsamen
Verantwortung für die Bildung und Erziehung des Kindes befinden. Das Konzept
der Erziehungs- und Bildungspartnerschaft gilt als Weiterentwicklung der
herkömmlichen Elternarbeit mit dem Ziel der besseren Förderung von Kindern
hinsichtlich ihrer Bildungs- und Entwicklungschancen. Die Kinder sind die Ge-
stalter ihrer eigenen Entwicklung, die Erziehungsberechtigten und das pädagogische Fachpersonal sind als Begleiter maßgeblich am Bildungs- und Entwicklungs-
prozess des Kindes beteiligt.

71. Was sind die zentralen Merkmale einer gelungenen Bildungspartnerschaft?

Eine gute Erziehungs- und Bildungspartnerschaft basiert auf gegenseitigem Vertrauen, Respekt, Wertschätzung und der Bereitschaft miteinander zu kommunizieren und in Kontakt zu treten. Als wichtige Faktoren für eine gelingende Erziehungs- und Bildungspartnerschaft zählen, neben dem ständigen gegenseitigen Austausch über das einzelne Kind und das Kind betreffende Ereignisse, vor allem möglichst jährlich stattfindende Elterngespräche über die Entwicklung des Kindes, Informationsveranstaltungen für eine größere Zielgruppe, Eltern- oder Gruppenabende mit der Möglichkeit eines intensiven Austausches, regelmäßige Bedarfserhebung/Evaluation der Zufriedenheit der Eltern, Angebot eines Beschwerdemanagementverfahrens für Eltern und die Zusammenarbeit mit dem Elternbeirat.

72. Gibt es einen rechtlichen Rahmen die Erziehungs- und Bildungspartnerschaft betreffend?

Im SGB VIII § 22a wird festgehalten, dass pädagogisches Fachpersonal die Erziehungsberechtigten in Erziehungsfragen einbeziehen soll. Wörtlich heißt es dort: „Die Erziehungsberechtigten sind an den Entscheidungen in wesentlichen Angelegenheiten der Erziehung, Bildung und Betreuung zu beteiligen."

73. Worauf sollte das pädagogische Personal achten?

Wichtig ist vor allem, dass die Fachkräfte die Erziehungsberechtigten als Experten ihrer Kinder anerkennen und wertschätzen. Sie erleben ihr Kind in den verschiedensten Situationen und können das Verhalten entsprechend einschätzen. Aber auch die Erziehungsberechtigten sollten umgekehrt das Fachpersonal für ihre Expertise schätzen. Hier ist manchmal etwas Zeit und viel Kommunikation nötig. Sämtliche Erwartungen und Ansprüche sollten klar kommuniziert werden. Wer ist wofür zuständig? Was kann die Einrichtung leisten oder nicht leisten?

Bindung

74. Welche Rolle spielt eine gute emotionale Bindung in der Entwicklung von Kindern?

Eine gute Bindungsbeziehung des Kindes zu seinen Sorgeberechtigten ist von elementarer Bedeutung. Diese schafft Urvertrauen und ist die Grundlage dafür, dass ein Kind seine kognitiven Fähigkeiten, seine sozialen Kompetenzen und seine Persönlichkeit entwickeln kann.

75. Wie hilft eine gute Bindungserfahrung den Kindern in der Schule?

Je besser die Qualität der Bindung ist, desto mehr ist ein Kind in der Lage, seine sichere Umwelt zu verlassen und eine ihm neue Welt zu entdecken. Dies gilt als Voraussetzung für Bildungs- und Lernprozesse. Bindung bietet Kindern Schutz und Hilfe und ist somit Grundlage einer gelingenden Entwicklung.

76. Woran kann ich erkennen, dass ein Kind eine gute Bindung erlebt (hat)?

Wenn ein Kind selbstbewusst ist und sich wohl und geborgen fühlt, können wir davon ausgehen, dass es eine stabile Bindungserfahrung gemacht hat. Dies zeigt sich z. B. darin, dass es keine Angst hat, Fehler zu machen, seine negativen und positiven Gefühle zu zeigen, sich getraut, auch einmal etwas Neues auszuprobieren und offen auf die anderen Mitschüler zuzugehen.

77. Was wird gemeint, wenn es heißt „ohne Bindung, keine Bildung"?

Dieser Ansatz geht davon aus, dass eine erfolgreiche Bildung in der Schule nur gelingen kann, wenn das Kind eine positive Bindung (Anteilnahme, Beachtung, Rücksicht) durch den Lehrer am Vormittag und die Betreuung am Nachmittag erfährt. Eine gesunde und soziale (Weiter-)Entwicklung kann nur dann stattfinden, wenn der Lernstoff in einem angenehmen Klima vermittelt wird und das Kind sich öffnen kann. Wenn das Kind sich verstanden, akzeptiert und wertgeschätzt fühlt, kann es seine Selbstkompetenzen entwickeln, um diese in Zukunft auch ohne Begleitung abrufen zu können Ohne diese Bindungserfahrung, wenn das Kind sich also verschließt, nicht zugänglich ist und über keinen „sicheren Hafen" verfügt, können keine neu erworbenen Erfahrungen und Fähigkeiten verinnerlicht und abgespeichert werden.

78. Welche Faktoren behindern mich in einer guten Bindung zu den Kindern?

Überfüllte Klassen- und Betreuungsräume, hierarchische und starre Strukturen, ein enger Zeitplan, der erzwungene Gleichschritt im Lernen und eine permanente Bedrohung durch schlechte Noten und negative Rückmeldungen (sei leiser, sei schneller, streng dich mehr an, konzentriere dich endlich etc.) durchkreuzen dabei die positiven Bindungserfahrungen von Kindern und sind besonders bei bindungsunsicheren Kindern geradezu kontraproduktiv. Vertrautheit, Verlässlichkeit, Verfügbarkeit und ein liebevoller Umgang stärken das Kind, machen es resilienter und bieten einen Rückhalt, auf Basis dessen die Kinder ein positives Selbstwertgefühl entwickeln und unvoreingenommen die Welt entdecken können.

C

Chancen

79. Welche Chancen soll eine Nachmittagsbetreuung den Schülern bieten?

Der Wissenschaftliche Beirat für Familienfragen beim Bundesministerium sieht in der Ganztagsbetreuung eine klare Verbesserung der Qualität des Aufwachsens von Kindern und Jugendlichen und geht von einer positiven Rückwirkung auf das Familienleben aus. Eine solche Chance entsteht aber nur dann, wenn eine Betreuung von Schülern nicht einfach auf den Nachmittag hin verlängert wird, sondern wenn die Angebote vor Ort die Erfahrungsräume und Lebenslagen der Kinder angemessen berücksichtigen. Dies gelingt dann, wenn sie zu neuen Kompetenzen führen und somit die Persönlichkeitsentwicklung fördern.

Ergänzende Information Die elektronische Version dieses Kapitels enthält Zusatzmaterial, auf das über folgenden Link zugegriffen werden kann [https://doi.org/10.1007/978-3-658-50731-2_3].

A.-M. Wistuba, N. Pflüger, *ABC der Schulkindbetreuung*,
https://doi.org/10.1007/978-3-658-50731-2_3

D

Datenschutz

80. Was bedeutet Datenschutz überhaupt?

Die Aufgabe des Datenschutzes besteht darin, Personen davor zu schützen, dass sie durch die Verarbeitung personenbezogener Daten in unzulässiger Weise in ihrem Recht beeinträchtigt werden und er soll verhindern, dass Informationen an Dritte weitergegeben werden. Der Datenschutz sagt zudem, dass man die Preisgabe und Verwendung seiner Daten selbst bestimmen darf (informationelles Selbstbestimmungsrecht). Wichtig ist dabei zu beachten, dass sich die Verarbeitung personenbezogener Daten auf den erforderlichen Umfang beschränken muss (Datensparsamkeit) und grundsätzlich nur für die festgelegten, eindeutigen und rechtmäßigen Zwecke zulässig ist, für die die Daten auch erhoben wurden (Zweckbindung). Eine Datenverarbeitung ist nur zulässig, wenn eine Einwilligung der betroffenen Person oder Seitens des Erziehungsberechtigten vorliegt (Rechtmäßigkeit). Fragen Sie sich am besten immer, ob es wirklich notwendig ist die Daten zu verwenden oder ob diese nicht anonymisiert werden können. Ist darüber hinaus die betroffene Person umfassend informiert und falls nötig die entsprechende Einwilligung eingeholt (im Fall von Schülern die Sorgeberechtigten)?

Ergänzende Information Die elektronische Version dieses Kapitels enthält Zusatzmaterial, auf das über folgenden Link zugegriffen werden kann [https://doi.org/10.1007/978-3-658-50731-2_4].

81. Was sind personenbezogene Daten?

Personenbezogene Daten sind alle Informationen, welche sich auf eine natürliche Person beziehen und diese identifizierbar machen. Das heißt, alle Merkmale und Kennungen, die eine Person ausmachen und sie von anderen Personen unterscheidet. Dies können Informationen wie Name, Anschrift, Geburtsdatum, Staatsangehörigkeit oder Mailadressen sein, aber auch Foto- oder Videoaufnahmen, welche die Identifizierbarkeit einer Person ermöglichen, gehören zu den personenbezogenen Daten.

82. Unsere Teilnehmerliste hängt an der Tür des Gruppenraumes, ist dies zulässig?

Im Rahmen des Datenschutzes gilt grundsätzlich, dass Daten nicht eindeutig einer Person zuordenbar sein dürfen. Das bedeutet die Teilnehmerliste, welche Vor- und Nachname darlegt, muss für Dritte unzugänglich und verschlossen aufbewahrt werden und darf nur zu Nutzungszwecken (z. B. zum Abhaken der Kinder) herausgeholt werden. Ein unbeaufsichtigtes Ablegen oder Aufhängen der Listen ist nicht erlaubt. Denken Sie immer daran, auch gerade Kinder sind sehr neugierig und auch schon in der Lage Informationen zu erfassen und weiterzugeben. Haben Sie darüber hinaus Publikumsverkehr (z. B. Eltern, die ihre Kinder abholen) in Ihren Betreuungsräumlichkeiten, so gilt, dass keine personenbezogenen Daten einsehbar und für Außenstehende erfassbar sein dürfen.

83. Der Ordner mit den Anmeldeunterlagen steht für die Kinder unerreichbar auf dem Schrank? Ist diese Maßnahme im Rahmen des Datenschutzes ausreichend?

Nein, diese Maßnahme ist nicht ausreichend, auch analoge Daten müssen geschützt werden. Akten, welche personenbezogene Daten beinhalten, müssen in verschließbaren Schränken oder Räumen aufbewahrt werden. Dabei muss sichergestellt sein, dass die Daten vor der Einsichtnahme durch Dritte geschützt sind (d. h. kein Schlüssel an weitere Personen ausgeben, kein Zugangsrecht für Putzkräfte, Hausmeister oder Lehrpersonal). Akten mit sensiblen, gesundheitsbezogenen Daten sind von der allgemeinen Stammakte gesondert aufzubewahren.

84. Darf im Gruppenraum ein Geburtstagskalender der Kinder hängen?

Auch ein Geburtstagskalender enthält personenbezogene Daten, welche nicht einsehbar sein dürfen. Sie können jedoch entweder eine Einwilligung von den Erziehungsberechtigten für das Erstellen eines Geburtstagskalender mitsamt Fotos einholen oder aber das Format des Kalenders anpassen. Werden Sie kreativ, lassen Sie Bilder entweder komplett weg und die Kinder sich selbst zeichnen, zeigen Sie die Kinder nur von hinten oder lediglich Körperteile wie Hände oder Füße. Lassen Sie das Geburtsjahr weg und nennen nur den Geburtstag und -monat. Notieren Sie nur die Vornamen der Kinder ohne weitere zusätzliche Informationen und vergeben Sie beispielsweise Motive oder Charaktere aus Videospielen, Film oder Fernsehen zur Gestaltung der Kalender.

85. Ich muss ein dringendes Telefonat mit einem Elternteil führen. Welcher Rahmen/Raum ist angemessen?

Auch bei Telefonaten besteht eine prinzipielle Geheimhaltungspflicht und es dürfen sich keine dritten Personen im Raum befinden. Beachten Sie, dass Sie alleine im Raum und alle Türen oder Fenster verschlossen sind. Vermeiden Sie auch hier die Nennung von Namen und geben Sie keine Informationen an Dritte weiter. Sollten diese Bedingungen nicht erfüllt sein, überdenken Sie die Notwendigkeit des Gesprächs zu diesem Zeitpunkt, stellen Sie keinen Personenbezug her (d. h. nennen Sie keine Namen und erwähnen Sie keine persönlichen Informationen, die Rückschlüsse auf eine bestimmte Person zulassen) und bitten Sie im Zweifel um einen Rückruf.

86. Wie kann ich persönliche Dinge wie Fächer, Ablagen oder Garderoben datenschutzgerecht beschriften?

Beschriften Sie persönliche Gegenstände nur mit Vornamen. Alternativ können Sie auch jedem Kind ein Symbol oder Zeichen zuordnen, welches für Garderobe, Fächer und andere persönliche Gegenstände genutzt werden kann.

87. Unser Büroraum hat eine große Scheibe zum Gruppenraum, welche Vorkehrungen sollten getroffen werden?

Räume, in welchen datenschutzrelevante Unterlagen aufbewahrt werden, dürfen nicht von Dritten einsehbar sein. Sie können zum Beispiel eine undurchsichtige Klebefolie anbringen, diese lässt zwar Licht durch, schirmt den Raum jedoch vor neugierigen Blicken ab. Alternativ kann auch ein Sichtschutzrollo oder ein Vorhang eingesetzt werden. In diesem Fall achten Sie jedoch unbedingt auf die Brandschutzverordnung und die Vorgabe zur Nutzung schwer entflammbarer bzw. nicht brennbarer Stoffe (siehe dazu auch Frage 262).

88. Es gibt nur einen Schlüssel für den Schrank, in welchem sich alle relevanten Unterlagen befinden. Wie muss dieser aufbewahrt werden?

Der Umstand nur einen Schlüssel bei mehreren zuständigen Kollegen zu besitzen, erschwert den Umgang mit datenschutzrelevanten Gegenständen. Ein Schlüssel darf nicht zugänglich aufbewahrt werden, das „Verstecken" an einem angeblich geheimen Ort scheidet also aus. Es besteht die Möglichkeit den Schlüssel in einer Kassette, einer abschließbaren Schublade o. Ä. aufzubewahren und diese mit einem Zahlenschloss zu versehen oder die Schlüssel zu dieser Kassette an alle Mitarbeitenden zu verteilen. Bitten Sie Ihren Träger, allen Betreuungskräften einen Schlüssel zur Verfügung zu stellen, damit sich das gesamte Personal an die Datenschutzvorgaben halten kann.

89. Welche Daten darf ich in mein Diensthandy eingeben?

Bevor Sie das Diensthandy nutzen, klären Sie mit Ihrem Arbeitgeber ab, welche Regeln zur Nutzung gelten und wie Sie die Datenschutzverordnung einhalten können. Grundsätzlich gilt: Stellen Sie sicher, ob Sie das Handy ausschließlich für dienstliche Zwecke oder auch privat nutzen dürfen. Welche Vorschriften sind im Arbeitsvertrag oder einer entsprechenden Anlage festgehalten? Welche Zugriffe hat ihr Arbeitgeber auf Ihr Handy und wie sind regelmäßige Updates sichergestellt? Laden Sie keine Apps auf Ihr Diensthandy, welche Sie nicht unbedingt für Ihre Arbeit benötigen und klären Sie den Download sämtlicher Apps mit Ihrem Arbeitgeber ab. Nutzen Sie nur die vorgegebenen Kommunikationskanäle, die Nutzung von WhatsApp oder Facebook ist beispielsweise aus Datenschutzgründen untersagt. Selbiges gilt für all jene Apps, welche auf das Adressbuch zugreifen können. Achten Sie darauf, nur Apps zu nutzen deren Server im EU-Inland platziert sind. Speichern Sie nur die Telefonnummer und Daten der aktuellen Betreuungsteilnehmer. Löschen Sie die Daten von vergangenen Teilnehmern direkt nach deren Ausscheiden aus der Betreuung von Ihrem Handy.

90. Darf ich Unterlagen, die Betreuung betreffend, mit nach Hause nehmen?

Das Mitnehmen von Unterlagen und Dokumenten ist prinzipiell möglich. Da diese Unterlagen allerdings personenbezogene Daten enthalten können, muss ein angemessener Schutz vor der Einsicht durch Dritte gewährleistet sein. Helfen können klare Regelungen seitens des Arbeitgebers zum Umgang mit Unterlagen, welche personenbezogene Daten enthalten.

Klären Sie in jedem Fall mit Ihrem Arbeitgeber, ob Sie private Laptops, Tablets oder Handys für berufliche Zwecke nutzen dürfen, ob diese über einen ausreichenden Schutz verfügen und ein sicherer Internetzugang genutzt werden kann. Ist die Nutzung von externen Speichermedien gestattet und wie werden diese geprüft? Können Sie zu Hause eine datenschutzgerechte Aufbewahrung gewährleisten (abschließbarer Schrank/Raum)? Schützen Sie alle Daten vor dem Zugriff Dritter bzw. ihrer Familienmitglieder oder Mitbewohner. Beachten Sie auch „neugierige Blicke" und arbeiten Sie so, dass Ihnen niemand unbemerkt über die Schulter schauen kann.

91. Wie müssen Entschuldigungen und Informationsschreiben der Eltern oder Lehrer aufbewahrt werden?

Sämtliche Schreiben, welche personenbezogene Daten beinhalten, sind vor den Blicken Dritter zu schützen und müssen entsprechend verschlossen aufbewahrt werden. Heften Sie die Schreiben ordnungsgemäß ab und verwahren Sie sie nach den Vorgaben der Datenschutzverordnung.

92. Darf ich mit den Eltern per E-Mail kommunizieren?

Allgemeine Hinweise, wie Einladungen zu Schulveranstaltungen, Informationen über anstehende Termine, Ausfälle oder Änderungen der Betreuungszeiten, sind auch per E-Mail möglich. Persönliche Daten, die in Bezug zu setzen sind mit einzelnen Schülern sollten per E-Mail nicht unverschlüsselt versendet werden. Namen von Schülern werden im Schriftverkehr grundsätzlich mit den Initialen abgekürzt (eine Vorlage zur Einverständniserklärung über den Mailverkehr finden Sie im elektronischen Zusatzmaterial auf der Produktseite des Buches auf SpringerLink https://link.springer.com/9783658507305).

93. Wie lange ist die Einwilligungserklärung der Erziehungsberechtigten in Bezug auf die Verwendung von Fotos oder anderen persönlichen Daten gültig?

Einwilligungen müssen nicht jährlich erneuert werden, allerdings sollte einmal im Jahr, z. B. bei Schuljahresbeginn, auf die Möglichkeit zum Widerruf hingewiesen werden. Wird eine Einwilligung widerrufen, müssen die Fotos oder andere Daten entsprechend entfernt werden.

94. Dürfen Fotos von Kindern auf der Homepage, im Schulgebäude oder in der Zeitung veröffentlicht werden?

Nein, Bilder dürfen grundsätzlich nur mit Einwilligung der betroffenen (volljährigen) Schüler bzw. ihrer Eltern veröffentlicht werden. Dies gilt auch für Gruppenbilder jeder Art.

Ausnahme: Es handelt sich um eine Schulveranstaltung, bei der keine Einzelperson, sondern das Ereignis im Vordergrund steht (z. B. Sommerfest, Tag der offenen Tür etc.).

Achtung: Auch das Fotografieren von Schülern für einen Geburtstagskalender, eine Gruppenübersicht oder den Spind ist nur mit Einwilligung zulässig.

95. Kann ich für Verstöße gegen den Datenschutz zur Rechenschaft gezogen werden?

Sie als Mitarbeiter können durch die zuständige Datenschutzaufsicht haftbar gemacht werden. Preisgaben geschützter Daten können als Ordnungswidrigkeit oder Straftat mit bis zu 2 Jahre Freiheitsstrafe geahndet werden (vgl. auch § 203 StGB).

96. In welchen Fällen besteht eine Informationspflicht gegenüber meinem Arbeitgeber?

Eine Informationspflicht besteht im Falle von Verlust von Datenträgern, Akten, Rechnern oder anderen mobilen End- und Speichergeräten. Außerdem muss eine falsche Übermittlung per Mail, Fax oder Brief und auch ein kriminelles Entwenden (Diebstahl, Hackerangriff) gemeldet werden.

Dokumentation

97. Welche Anforderungen gelten hinsichtlich professioneller Beobachtung und Dokumentation innerhalb der Schulkindbetreuung?

Im Gegensatz zum Kita-Bereich sind die professionelle Beobachtung und Dokumentation der Entwicklungsschritte der Kinder in der Schulkindbetreuung noch nicht selbstverständlich. So kann jede Betreuungseinrichtung frei festlegen, ob und inwieweit Leistungs- und Entwicklungsstände und das Erkennen von Defiziten schriftlich festgehalten werden. Diese Dokumentation dient vor allem dazu, die Kinder in ihren Bildungsprozessen zu begleiten und zu unterstützen. Die Entwicklungsschritte, Interessen und Gefühle des einzelnen Kindes können besser wahrgenommen und das individuelle Verhalten verstanden werden. Außerdem wird so ermöglicht, die Beziehungen des Kindes in der Schule und der Familie zu erfassen, die Lernmotivation und -bereitschaft zu erkennen und seine Stärken, Fähigkeiten und Neigungen herausfinden, um sie gezielt fördern zu können. Solch ein Dokumentationsverfahren muss in Kooperation mit dem Träger verfasst werden und der zeitliche Mehraufwand im Arbeitszeitkontingent Berücksichtigung finden. Zur Orientierung dienen folgende Anhaltspunkte:

- Die Fachkräfte notieren Alltagssituationen einzelner Kinder sachlich und strukturieren sie nach verschiedenen Schwerpunkten (z. B. anhand folgender Fragestellungen: – „Was macht und sagt das Kind allein und in Interaktion mit anderen?", „Was macht die Situation mit mir?", „Perspektivenübernahme: Wie fühlt sich das Kind aus meiner Sicht?", „Wie engagiert sich das Kind in der Situation?").
- Anschließend werden die Notizen im Team diskutiert, dokumentiert und überlegt, welche Anreize oder Angebote für das entsprechende Kind sinnvoll sein könnten
- Die Ergebnisse werden am besten in persönlichen Entwicklungsordnern für die Kinder abgelegt.
- Final legt das Team fest, auf welche Punkte in der nächsten Beobachtung besonders geachtet werden soll. In sogenannten Entwicklungsgesprächen wird mit den Sorgeberechtigten jährlich über den aktuellen Stand gesprochen.

98. Wie können die Ergebnisse der Beobachtungen im Alltag genutzt werden?

Die Ziele der genauen Beobachtung der Kinder und Dokumentation ihres Verhaltens sind:

- Entwicklungsschritte des Kindes wahrnehmen
- das Verhalten des einzelnen Kindes verstehen
- seine Interessen und Themen verstehen
- seine Gefühle wahrnehmen
- die Beziehungen des Kindes in der Schule und der Familie erfassen
- seine Stärken, Fähigkeiten und Neigungen herausfinden, um sie gezielt fördern zu können
- die Lernmotivation und Lernbereitschaft erkennen.

Auf dieser Grundlage können die Fachkräfte in der Ganztagsbetreuung festhalten, wie die Entwicklung der Kinder verläuft, sich besser mit den Lehrkräften und Eltern austauschen und passgenaue Angebote entwickeln. Des Weiteren werden Interessen und Bedürfnisse der Kinder durch die Dokumentation sichtbar. Darauf aufbauend können die Fachkräfte zielgerichtete Impulse geben, Spiele gestalten oder individuelle Lernangebote offerieren, bzw. auf deren Notwendigkeit hinwiesen.

99. Welches Vorgehen tritt im Falle von Unterstützungsbedarf in Kraft?

Tauschen Sie sich über die Ergebnisse und Lösungsmöglichkeiten zuerst im Team und dann mit der zuständigen Lehrkraft aus. Die Schule sollte bezüglich des Förderbedarfs aktiv werden und die entsprechenden Schritte einleiten. Ein etwaig zu erstellendes Gutachten dokumentiert die Auswirkungen einer Beeinträchtigung auf das schulische Lernen, die Sozialkompetenz oder das Erreichen von Bildungszielen und dient als Grundlage für das weitere Vorgehen hinsichtlich der individuellen Förderung.

Elternbrief

100. Welche Informationen über die Arbeit und die Abläufe in der Betreuung sollten bei der Anmeldung mitgegeben werden?

Grundvoraussetzung hierfür ist, dass ein Konzept bzw. Leitfaden der Schulkindbetreuung vorliegt, welcher als Maßstab und Orientierungshilfe für die Eltern dient. Je mehr Informationen bereits im Vorfeld an die Erziehungsberechtigten weitergegeben werden, desto weniger Missverständnisse und Konflikte treten anschließend auf. Solch eine Erstinformation sollte neben den organisatorischen Daten vor allem ein pädagogisches Leitbild enthalten (siehe dazu auch Frage 193 unter dem Stichwort Leitbild und Frage 237 unter dem Stichwort pädagogisches Leitbild). Überlegen Sie, was ihre Betreuungseinrichtung ausmacht, was sie anbieten können, wie sie die Kinder wahrnehmen, welche Rolle Sie und die Kinder einnehmen. Darauf aufbauend geben Sie den Eltern bei der Anmeldung alle datenschutzrelevanten und zu unterschreibenden Dokumente mit (siehe elektronisches Zusatzmaterial auf der Produktseite des Buches auf SpringerLink https://link.springer.com/9783658507305), z. B. einen Überblick über die zeitlichen Abläufe

Ergänzende Information Die elektronische Version dieses Kapitels enthält Zusatzmaterial, auf das über folgenden Link zugegriffen werden kann [https://doi.org/10.1007/978-3-658-50731-2_5].

und die festgelegten Abholzeiten, eine Schweigepflichtentbindung für den genehmigten Austausch mit den Lehrkräften, einen Überblick über die Grundannahmen hinsichtlich Eltern und Kindern und alle notwendigen Kontaktinformationen mit Notfallnummern.

Erziehung

101. Welchen Erziehungsauftrag hat die Ganztagsbetreuung zu leisten?

Für Erziehungsarbeit bleibt im Betreuungsalltag oft nicht viel Zeit. Trotzdem ist in den letzten Jahren der Bildungs- und Erziehungsauftrag im Rahmen der Schule vermehrt in den Fokus gerückt. Mit der Folge, dass über Erziehung und erzieherisches Handeln immer mehr gesprochen wird. Die heutzutage deutlichen sozialen und kulturellen Unterschiede der Schüler, die somit sehr unterschiedlichen Verhaltensweisen, Talente, Begabungen und Lernbereitschaften bringen immer mehr Anforderungen und Herausforderungen mit sich. Auch die Eltern zeigen immer differenziertere Erziehungsvorstellungen und bringen sich nicht selten zu viel oder überhaupt nicht in den Betreuungsalltag ein. Eine positive Entwicklung der Kinder kann jedoch nur gewährleistet sein, wenn Erziehungs- und Handlungsziele klar formuliert und der Erziehungsauftrag von allen Seiten angenommen wird. Erziehung und das damit verbundene Durchsetzen von Konsequenzen funktionieren nur dann, wenn die Beziehung zwischen Kind und Fachkraft stimmt und eine gute sozial-emotionale Beziehung und Bindung besteht. Die Erwachsenen müssen die Grundhaltungen wie Wertschätzung, Echtheit und Empathie (vor-) leben und den Kindern Sicherheit vermitteln. Darauf aufbauend können die Kinder lernen, sich an Regeln zu halten, Kritik anzunehmen oder auch Konsequenzen zu akzeptieren.

102. Was muss im Team im Rahmen des Erziehungsauftrags Beachtung finden?

Innerhalb des Teams muss eine gute Kommunikations- und Feedbackkultur etabliert sein. Jede Fachkraft bringt ihren eigenen Hintergrund mit, ihre eigenen Vorstellungen, Erfahrungen, Werte und Anforderungen. Dies erfordert eine gute Organisation im Team und das Festlegen einer klaren Linie. Wie viel Freiheit und Autonomie wird gegeben? Wann und in welchem Maße werden Konsequenzen angewandt? Dieses einheitliche Vorgehen sollte in einem pädagogischen Konzept festgehalten und einheitlich umgesetzt werden (siehe dazu Frage 183). Sie können viele Probleme im Umgang mit den Kindern vermeiden, wenn Sie im gesamten Betreuungsteam nach den gleichen Prinzipien handeln, den Kindern damit eine klare Linie vorgeben und diese sich somit auch auf Abläufe und Handlungsmuster verlassen können. Nichts ist schlimmer als die Tatsache, dass Kinder Betreuungskräfte gegeneinander ausspielen. Sie sind ein Vorbild für die Kinder und sollten entsprechend einheitliche Botschaften übermitteln.

Erziehungspartnerschaft/Elternarbeit

103. Was bedeutet Elternarbeit?

Die Familie und die Schule gelten als die wesentlichen Bestandteile der kindlichen Lebenswelt und dennoch ist das Verhältnis zwischen diesen beiden Instanzen oft spannungsvoll und konflikthaft. Grundlegende Unterschiede zwischen den elterlichen und schulischen Interessen, Aufgaben und Erwartungen erschweren durchaus die Zusammenarbeit. Die Eltern fühlen sich nicht selten ausgeschlossen und übergangen, die Schule hingegen sieht den Schwerpunkt ihrer Aufgabe in der Arbeit mit den Schülern, da wird eine Kooperation mit den Eltern als Nebensächlichkeit angesehen, welcher somit ein geringer Zeitbedarf eingeräumt wird. Oftmals steht die Betreuung in der Mitte dieses Spannungsverhältnisses. Aufgrund der Bedeutung, welche Schule und Elternhaus gleichermaßen auf die Entwicklung und auch auf den Bildungserfolg des Kindes haben, wird eine Intensivierung der Zusammenarbeit zunehmend gefordert. Ziel ist allerdings nicht nur das Erreichen einer höheren Quantität der Kooperation, sondern auch einer besseren Qualität. Anstelle der herkömmlichen „Elternarbeit" soll eine „Erziehungs- und Bildungspartnerschaft" zwischen Eltern und Betreuungskräften treten. Vor allem die Kommunikation nimmt in der Beziehung zwischen Elternhaus und Schule eine wichtige Rolle ein, die Herausforderung für alle Beteiligten besteht darin, diese möglichst konfliktfrei und die Bildungs- und Erziehungspartnerschaft im Sinne des Kindes zu gestalten.

104. Worin besteht die Schwierigkeit in der Kommunikation zwischen Betreuungskräften und Eltern?

Eines der größten Probleme für die Betreuungskräfte heutzutage stellen die unterschiedlichen Erwartungen der Eltern hinsichtlich des Bildungserfolges ihrer Kinder dar. Die Ansichten, was das Beste für ihr Kind ist, gehen dabei oft auseinander und die Betreuungskraft muss sich mit all den verschiedenen Einzelansichten auseinandersetzen. Dieser Spagat erschwert oftmals die Kooperation und Kommunikation zwischen den Beteiligten. Das Gelingen der gewünschten Erziehungspartnerschaft ist jedoch abhängig von einer erfolgreichen Kommunikation. Das Verhältnis von Elternhaus und Schule ist von gegenseitiger Abhängigkeit geprägt, die Übergänge der Verantwortungsbereiche sind fließend. Die Eltern sind zunächst zwar „unprofessionelle Erzieher", aber sie tragen qua Gesetz die Verantwortung für ihr Kind und bilden eine nicht zu unterschätzende Sozialisations- und Erziehungsinstanz (siehe GG Art. 6 Abs. 2). Aber auch die Betreuungskraft beeinflusst die Charakterentwicklung des Kindes und übernimmt eine wichtige Rolle in der Erziehung. Die unterschiedlichen Rollen beeinflussen die Kommunikation im Eltern-Betreuer-Gespräch. Inhalte und Wertvorstellungen werden je nach Perspektive unterschiedlich vermittelt, und es kann zu Missverständnissen kommen.

105. Wie verläuft die Kommunikation zwischen Schule und Eltern?

Im Vordergrund muss der Informationsaustausch stehen. Für die Eltern ist in den meisten Fällen die Kommunikation mit den Betreuungskräften ein wichtiger Aspekt der Zusammenarbeit, sie wollen informiert sein über Schwierigkeiten und Probleme, Lernstand und Befindlichkeiten. Die Übermittlung dieser Informationen gestaltet sich allerdings als schwierig, die Eltern wünschen sich zwanglose, nonformale Kommunikationsformen, gerne auch als „Tür-und-Angel-Gespräche" bezeichnet, während die Schul- und Betreuungsseite formal zu fest terminierten Elterngesprächen einladen und diese meist problemveranlasst sind. Um jedoch das Vertrauen innerhalb der Kommunikation zu stärken, darf es nicht nur zu Gesprächen kommen, welche aufgetretene Probleme seitens des Kindes behandeln. So sind nämlich alle Beteiligten von vornherein negativ beeinflusst, die Betreuungskraft, die sich bereits über die Problematik ärgert und die Eltern, die sich in ihrem Handeln angegriffen fühlen. Daraus resultiert ein beträchtlicher Teil der Eltern, die das Gespräch mit der Betreuungskraft und der Schule eher meiden oder von Beginn an negativ gestimmt sind. Suchen Sie auch das Gespräch, um positive Entwicklungen der Kinder aufzuzeigen, gehen Sie offen auf die Eltern zu, organisieren Sie gemeinsame Aktivitäten oder Veranstaltungen, beziehen Sie die Eltern in Ihre Arbeit mit ein. Innerhalb des Beziehungsgeflechtes zwischen Schule, Familie und Schüler bilden die Kinder die Schnittstelle und wirken als Vermittlungsinstanz zwischen den Beteiligten (Abb. 1). Ihnen sollte allerdings in dieser Rolle nicht das

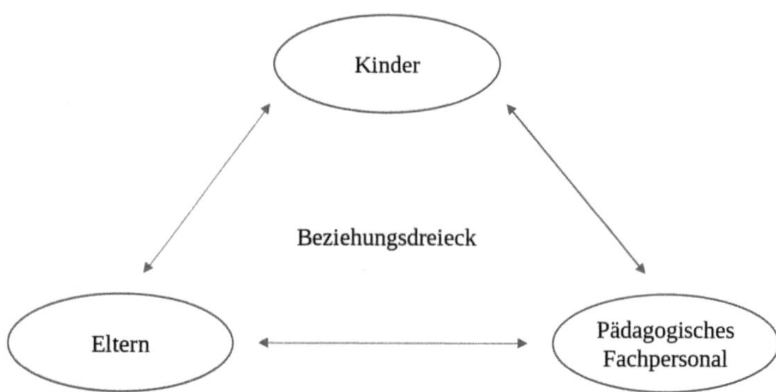

Abb. 1 Das Beziehungsdreieck. Eigene Darstellung

Gefühl vermittelt werden „zwischen den Stühlen" zu sitzen. Die Kommunikation ist im besten Fall positiv konnotiert und lösungsorientiert ausgerichtet, dann kann auch ein guter Bildungserfolg aufseiten des Kindes gewährleistet werden.

106. Wie kann die Kommunikation verbessert werden?

Für das Gelingen der Kommunikation zwischen Eltern und Betreuungskräften ist eine gegenseitige Akzeptanz und ein gewisses Maß an gegenseitigem Vertrauen und Wertschätzung unabdingbar, jede Seite muss in ihrer Rolle anerkannt und ernst genommen werden. Die Eltern müssen als (Gesprächs-) Partner angesehen und in die Thematik eingebunden werden. Betreuungskräfte und Eltern müssen im Gespräch einen Weg finden, auftretende Problematiken zu umgehen, ihre Fähigkeiten und Motivation unter Beweis zu stellen, den Schüler in seiner Individualität wahrzunehmen und ihn in seiner Entwicklung zu unterstützen (siehe dazu auch Frage 169). Insgesamt ist das Verhältnis von Eltern und Betreuern anfällig für Konflikte: Eltern sind fokussiert auf ihr Kind, blenden jedoch eher das schulische und pädagogische Umfeld und die institutionellen Gegebenheiten aus. Betreuer hingegen müssen darauf achten, nicht in eine herablassende und belehrende Rolle zu fallen. Eine respektvolle Zusammenarbeit auf Augenhöhe stärkt die Kommunikationsebene der Beteiligten und dient einer vertrauensvollen Zusammenarbeit (siehe dazu auch Frage 174).

107. Welche Herausforderungen in der Kommunikation gibt es?

Die Herausforderungen bestehen in der Regel in den verschiedenen Positionen der Beteiligten, dem Umgang mit Emotionen und dem Fokussieren auf das Thema aus familiärer, schulischer oder sozialer Sicht. Hinsichtlich der privaten Problematiken geraten die Betreuungskräfte an ihre Grenzen aufgrund mangelnder fachlicher und auch zeitlicher Ressourcen. Aufseiten der Eltern finden sich Herausforderungen mit unrealistischen Erwartungen und Einschätzungen. So erwarten einige Eltern beispielsweise kostenlose Nachhilfestunden von der Betreuungskraft. Eine weitere Herausforderung liegt im Schulsystem bzw. Schulkontext selbst und dem Gefühl mancher Betreuungskräfte, in diesem engen Rahmen nicht selbstbestimmt und kindgerecht agieren zu können.

Im Bereich des Aufbaus eines Gespräches spielen vor allem die knappe Gesprächszeit und auftretende unstrukturierte, nicht zielführende, Diskussionen eine Rolle. Reicht die Zeit aufgrund unerwartet auftretender Problemstellungen nicht aus, entsteht für alle Beteiligten ein unbefriedigendes Gefühl ohne Lösungsperspektive. Aber auch unkonstruktive und zeitraubende Diskussionen enden meist in einer Sackgasse ohne Lösungsansatz. Weitere Herausforderungen in der Kommunikation stellen der Umgang mit Nicht-Akzeptanz von Elternseite (Eltern zeigen sich nicht bereit die Nachrichten des Lehrers zu akzeptieren) und das Machtgefälle zwischen den Gesprächsbeteiligten (Lehrer werden oft mehr angesehen als das Betreuungspersonal) dar. Auch die Interaktion mit mehreren Personen in einem Gespräch kann eine Herausforderung darstellen. Lassen Sie sich von den Emotionen der Eltern nicht mitreißen, bleiben Sie ruhig und gelassen und begegnen Sie etwaigen Vorwürfen mit professionellem Verhalten. Betonen Sie, dass unterschiedliche Sichtweisen in Ordnung sind und verdeutlichen Sie Ihre Denkrichtung.

108. Was sind die zentralen Merkmale eines gelungenen Elterngespräches?

Eltern muss erfahrbar gemacht werden, dass sie an der Schule willkommen sind und mitwirken können. Um die Eltern aktiv, gestaltend und beratend, in das Schulleben einzubeziehen, ist es notwendig, dass Sie als Betreuungskraft die Abläufe transparent gestalten und die Eltern ausreichend informieren. Nur wenn Sie es schaffen, das Interesse der Eltern an Schule zu wecken oder gar zu verstärken, wächst die Mitwirkungs- und damit die Kommunikationsbereitschaft der Eltern.

Um das Spannungsverhältnis zu lösen, bedarf es eines gemeinsamen Dialoges, Eltern und Betreuungskräfte müssen Vorurteile überwinden und sich aufeinander zubewegen. Dabei kommt es weniger auf die Quantität als vielmehr auf die Qualität der Gespräche an. Die richtige Grundeinstellung ist wichtig, um die Beziehungsmuster und die daraus resultierende Beziehungsdynamik innerhalb des Gespräches zu verstehen. Bedingungsfreie Wertschätzung, Einfühlungsvermögen und „Echtheit" kann man als Fundament einer gelingenden Kommunikation betrachten, um eine offene Gesprächsatmosphäre zu schaffen und eine Beziehung zu seinem Gegenüber aufzubauen. Die positive Beachtung der eigenen Person gilt als ein menschliches Grundbedürfnis und bestimmt die Gesprächssituation maßgeblich mit. Für Sie als Betreuungskraft bedeutet dies, das Elternteil so hinzunehmen wie es ist, die Person zu akzeptieren mit all ihren Ansichten und Möglichkeiten. Kein einfaches Unterfangen vollkommen wertschätzungsfrei zu agieren, aber notwendig für die Ausgestaltung eines zielführenden Gesprächs.

Betrachtet man nun die Herausforderungen, so lassen sich verschiedene Lösungsansätze festhalten. Eine zu starke Distanzierung im Gespräch ist hinderlich, da gerade Emotionen wichtige Bestandteile der Wahrnehmung sind hinsichtlich dessen, was wichtig ist und wo Ängste vorhanden sind, daher sollte den Emotionen (vor allem denen der Eltern) Bedeutung zugemessen werden. Andererseits kann ein zu intensives Mitfühlen auch kontraproduktiv sein, wenn dadurch Professionalität, Objektivität und Urteilsfähigkeit eingeschränkt werden. Ein wichtiger Aspekt ist die Fähigkeit zur Unterscheidung von authentischer und aufgesetzter Emotionalität, verdeckte Botschaften müssen direkt angesprochen und Lösungsperspektiven entwickelt werden. Ein nicht zu unterschätzender Punkt ist auch der Zeitaspekt. Das zur Verfügung stehende Zeitfenster sollte so gewählt werden, dass für beide Seiten ein zufriedenstellendes Ergebnis erzielt werden kann.

109. Wie kann ich ein Elterngespräch vorbereiten?

In der Regel gibt es für ein Elterngespräch einen bestimmten Anlass, der im Vorfeld auf beiden Seiten verdeutlicht werden sollte. Je genauer Sie den Grund für das Gespräch kennen, desto besser können Sie sich vorbereiten, Fragen zurechtlegen oder die Inhalte wiedergeben. Hier kann es helfen, schriftlich festgehaltene Beobachtungen beispielsweise zu Verhalten, Fehlzeiten etc. zur Hand zu haben, um die Probleme den Eltern anhand von konkreten Beispielen aufzeigen zu können.

Für das Gespräch sollten Sie, dem Anlass angemessen, einen zeitlichen Rahmen festlegen. Damit vermeiden Sie Stress oder Druck schnell zum Ende kommen zu müssen und verhindern, dass sich das Gespräch unnötig in die Länge zieht. Um für eine positive Stimmung zu sorgen, sollte ein entsprechender Raum genutzt werden. Sinnvoll angeordnete Stühle und Tische, ein bisschen Nervennahrung und etwas zu trinken sorgen für eine angenehme Gesprächsatmosphäre.

Ein „Bitte nicht stören"-Schild an der Tür verhindert Unterbrechungen und zeigt den Eltern, dass die Zeit allein für ihr Anliegen reserviert ist.

110. Wie sieht der Ablauf eines gelungenen Elterngespräches aus?

(a) Die Begrüßung schafft die Grundlage für das weitere Gespräch: Ein freundlicher und offener Empfang mit Handschlag und ein bisschen Smalltalk vorweg, können eine angespannte Stimmung gleich zu Beginn etwas lösen. Zudem ist es hilfreich, die wichtigsten Eckpunkte und den Ablauf des Gesprächs anfangs grob zu benennen:

- Wie viel Zeit steht für das Gespräch zur Verfügung?
- Über was soll in der vereinbarten Zeit gesprochen werden?
- Schilderung der aktuellen Situation: Wie stellt sich der Sachverhalt/das Problem für die Eltern dar, wie für mich als Betreuungskraft?
- Erörterung der Gründe für das Problem und Schilderung der bisherigen Lösungsversuche
- Erarbeitung von Handlungsempfehlungen: Was können die Eltern, die Lehrerinnen und Lehrer, die Betreuungskräfte und andere Mitglieder der Schulgemeinschaft tun? Sollten externe Fachleute hinzugezogen werden?
- Welches Ergebnis wäre aus Ihrer Sicht und der der Eltern wünschenswert?
- Welche Schritte zur Umsetzung müssen von welcher Partei geleistet werden? Wer hat welche Aufgaben?
- Was ist das Ziel des Gesprächs?

(b) Gegenseitige Wertschätzung
Zeigen Sie den Eltern, dass sie sich hier nicht als Gegner gegenüberstehen, sondern gleichberechtigte Gesprächspartner sind, die das Wohl des Schülers im Blick haben, und deren Ziel es ist, gute Lösungen zu finden. Spüren die Eltern, dass ihre Meinung wertgeschätzt wird und Beachtung findet, ist bereits eine wichtige Voraussetzung für ein erfolgreiches Elterngespräch gelegt:

- Geben Sie den Eltern die Möglichkeit, ihre Sicht zu schildern und was sie sich von dem Gespräch wünschen.

- Fassen Sie die Schilderungen der Eltern in Ihren eigenen Worten zusammen, um Missverständnisse auszuschließen und um zu zeigen, dass Sie ihre Sorgen ernst nehmen (siehe dazu Frage 1 zum Aktiven Zuhören).
- Stellen Sie immer wieder Rückfragen. So vergewissern Sie sich, ob die Eltern Ihre Ausführungen nachvollziehen können, zustimmen oder eine andere Haltung haben.
- Beziehen Sie, wenn möglich, die Eltern auch in die Lösungsansätze und das weitere Vorgehen mit ein. Welche Aufgaben können sie übernehmen? Gibt es hilfreiche Fördermaterialien oder Ähnliches?

(c) Sachlich und höflich bleiben

Besonders, wenn sich bei den Eltern viel Ärger angestaut hat, ist es nicht immer einfach, das Gespräch auf einer sachlichen Ebene zu führen. In solchen Situationen ist es oft sinnvoll, den Eltern die Möglichkeit zu geben, erstmal Dampf abzulassen. Wenn es tatsächlich Versäumnisse oder Fehler Ihrerseits bzw. aufseiten der Schule gab, ist es wichtig, diese einzugestehen – auch Lehrer und Betreuungskräfte sind schließlich nur Menschen – und von diesem Punkt an gemeinsam konstruktiv an Lösungen zu arbeiten. Wenn Sie feststellen, dass Sie im Gespräch mit den Eltern keine konstruktiven Ergebnisse erarbeiten können, ist es manchmal besser, die Angelegenheit zu vertagen.

Das gilt besonders, wenn das Gespräch ins Unsachliche zu kippen droht und das Verhältnis durch beleidigende Kommentare nachhaltig negativ belastet werden könnte. Beim Folgetermin kann es hilfreich sein, einen Kollegen, das Team, die Schulleitung oder Elternvertreter mit dazu zu holen, die eine objektive, schlichtende Position einnehmen können.

(d) Notizen machen

Notizen, die Sie während des Gesprächs machen, helfen Ihnen, grundlegende Haltungen, Ergebnisse und vereinbarte Maßnahmen am Ende des Gesprächs nochmal zusammenzufassen und ein Gesprächsprotokoll anzufertigen. Dieses kann als Grundlage für einen Anschlusstermin dienen und hält fest, was bereits besprochen wurde, welche Schritte folgen sollen und wer für welche Punkte verantwortlich ist.

(e) Zusammenfassung

Fassen Sie am Ende des Gesprächs nochmals die wichtigsten Handlungsempfehlungen und Vereinbarungen zusammen. Bringen Sie klar auf den Punkt: Wer hat welche Aufgaben und bis wann sollen diese umgesetzt werden? So vermeiden Sie Missverständnisse, oder dass etwas vergessen wird. Auch wenn nicht alle Probleme in einem Gespräch ausgeräumt werden konnten: Betonen Sie, wo Sie weitergekommen sind, wo kleinere Ziele erreicht wurden und welche Kompromisse erarbeitet wurden. Falls nötig, vereinbaren Sie einen Termin für ein weiteres Gespräch.

(f) Verabschiedung
Eine freundliche Verabschiedung mit positiven abschließenden Bemerkungen und ein Dank, dass sich auch die Eltern Zeit für das Gespräch genommen haben, sind ein angemessenes Ende für ein gelungenes Elterngespräch.

111. Wann ist das Durchführen eines Elterngespräches sinnvoll?

Sobald aufseiten der Erziehungsberechtigten oder der Betreuer Gesprächsbedarf vorliegt, ist das Führen eines Elterngespräches sinnvoll. Wichtige oder kritische Gespräche sollten in keinem Fall „zwischen Tür und Angel" geführt werden, sondern in Ruhe vorbereitet und in einem angemessenen Rahmen durchgeführt werden können.

112. Wie gehe ich mit schwierigen Eltern um?

Nicht immer verhalten sich die Erziehungsberechtigten kooperativ. Nörgler, Besserwisser und Klatschtanten sind überall zu finden. Die Schwelle für Kritik und Beschwerden wird im Schulkontext immer niedriger, nicht selten wird sogar mit dem Anwalt gedroht. Immer mehr Eltern vertrauen zu wenig auf die Kritik- und Problemlösefähigkeiten ihrer Kinder, wünschen sich in die schulischen Belange einzugreifen, kritisieren das Personal oder die Abläufe. Wenn rationale Argumente nicht mehr helfen, akzeptieren Sie zunächst die Haltung der Eltern. Lassen Sie sich nicht unter Druck setzen, stehen Sie zu Ihrer Sichtweise und bestehen Sie auf einen angemessenen Umgangston. Hören Sie zu, auch wenn es schwerfallen mag, Kritik zu äußern steht den Eltern zu. Nehmen Sie die Eltern ernst und lassen Sie ihnen das Gefühl der Entscheidungsfreiheit. Merken Sie an, dass unterschiedliche Sichtweisen in Ordnung sind, machen Sie aber auch die Gründe für Ihr Vorgehen deutlich. Stehen Sie zu Fehlern, Verantwortung zu übernehmen und Entscheidungen zu treffen, etwaige Fehler zuzugeben macht Sie menschlich und sympathisch. Und wenn gar nichts mehr hilft kann es förderlich sein, den Kontakt zunächst auf das Notwendigste zu beschränken und auf eine erfolgreiche und professionelle Begleitung auf anderer Ebene zu setzen.

113. Kira wird immer von ihrer Mutter mit dem Auto von der Schule abgeholt, obwohl sie nach Hause laufen könnte. Sollte ich sie darauf ansprechen und wie gehe ich dabei am besten vor?

Auf dem Schulweg finden wichtige Lernprozesse für die Kinder statt. Könnte Kira ihren Weg von und zur Schule eigenständig zu Fuß bewältigen, würde sie Mitgestaltungs- und Mitbestimmungsmöglichkeiten erhalten, welche ihr beim Autofahren nicht ermöglicht werden. Ein Gespräch mit der Mutter ist angebracht, um herauszufinden, was sie in ihrem Handeln bewegt und sie in einen Lösungsprozess miteinzubeziehen.

Wichtig ist es, während des Gespräches herauszufinden, warum Kiras Mutter ihr diesen Freiraum nicht ermöglicht, oder ob es Kira selbst ist, die sich den Schulweg alleine nicht zutraut. Spielen vielleicht Ängste eine Rolle, z. B. ein erhöhtes Sicherheitsbewusstsein aufseiten der Mutter oder bringt der Schulweg Gefahren mit sich, wie beispielsweise schmale Gehwege, Straßenüberquerungen oder einsame Gegenden? Es wäre auch möglich, dass Kira Konflikten wie Schlägereien, Mobbing oder Bedrohungen ausgesetzt ist oder schlicht zu bequem ist zu laufen und die Gutmütigkeit der Mutter ausnutzt. Im Falle solcher Ängste oder Konflikte sollten Sie Ihre Unterstützung anbieten und (wenn ein überzeugender Grund für das Abholen mit dem Auto ausgeschlossen werden kann) die Vorteile des Zufußgehens einbringen. Erklären Sie Kira und ihrer Mutter, dass der Schulweg eine Chance darstellt, mit Gleichaltrigen in Kontakt zu treten, Freundschaften zu festigen und ohne Beaufsichtigung frei sprechen, spielen und handeln zu können. Der Schulweg bietet den Kindern die Freiheit sich auszuprobieren, sich selbst besser kennenzulernen, soziale Kontakte zu festigen und das Wohlbefinden zu stärken. Außerdem erhalten die Kinder die Möglichkeit ohne Erwachsene Lösungen zu finden, um Probleme zu bewältigen und lernen so, mit äußeren Einflüssen umzugehen. Der Schulweg bietet den Kindern ebenfalls Anreize selbstbestimmt, frei und eigenständig eine Beziehung zu ihrer Umwelt aufzubauen und sich Wissen über die Umgebung und die persönlich bedeutsamen Lebensräume anzueignen. Heutzutage werden diese frei erlebbaren Räume immer seltener, da die Eltern ihre Kinder vermehrt mit dem Auto zur Schule bringen. Und zu guter Letzt kommen Kinder auf dem Schulweg in Bewegung: vor allem nach der Schule ist der Schulweg die Möglichkeit für Kinder, sich nach langem Sitzen und Aufpassen zu bewegen, Energie abzubauen, den Kopf freizubekommen und sich von der Schule und ihren Anforderungen zu distanzieren.

F

Ferienbetreuung

114. Welche Möglichkeiten und Potenziale stecken in der unterrichtsfreien Zeit?

Die unterrichtsfreie Zeit bietet die Möglichkeit der Förderung und Forderung abseits von den sonstigen schulischen Rahmenbedingungen. Es entstehen Freiheiten im Tagesablauf, die sonst im Betreuungsalltag nicht möglich sind. Es müssen keine Hausaufgaben erledigt werden, das Mittagessen kann zeitlich frei geplant werden, Absprachen mit Lehrkräften oder Elterngespräche können auch mal in den Hintergrund rücken. Der Tag kann gefüllt werden mit spielerischen und kreativen Angeboten und die Bedürfnisse der Kinder können in den Fokus rücken.

115. Wie kann die Ferienbetreuung gestaltet werden?

Das Ferienprogramm sollte möglichst abwechslungsreich gestaltet und darauf geachtet werden, dass die Kinder altersgemäß gefordert und gefördert werden.

Ergänzende Information Die elektronische Version dieses Kapitels enthält Zusatzmaterial, auf das über folgenden Link zugegriffen werden kann [https://doi.org/10.1007/978-3-658-50731-2_6].

Dazu gehören Bewegungsangebote, Spiele und kreatives Arbeiten genauso, wie Ausflüge, Besichtigungen, Experimente oder Projektarbeit. Eine weitere Möglichkeit ist das Ferienprogramm unter ein spezielles Motto zu stellen, welches sich als roter Faden durch die Angebote zieht. Es sollte dabei darauf geachtet werden, dass die Randzeiten mit Programmpunkten belegt werden, bei denen Kinder je nach Bring- oder Abholzeit nichts Elementares verpassen.

Ein Alternativprogramm im Fall von schlechtem Wetter oder Ausfall einer Aktion bietet sich an, um nicht in Bedrängnis zu geraten.

116. Wie kann Projektarbeit in die Ferienbetreuung integriert werden?

Das Ferienprogramm kann durch abwechslungsreiche Programme und Projekte, die auf die Interessen der Kinder abgestimmt und pädagogisch durchdacht sind, ergänzt werden. Hilfreich ist beispielsweise das Erarbeiten und Festlegen eines speziellen Mottos, unter welchem die Ferienbetreuung stattfindet. So können die Kinder auf ein Ziel hinarbeiten, haben einen gewissen Zeitraum zur Verfügung das Projekt fertigzustellen und können sich intensiver mit einer Thematik befassen. Es können Experten auf dem gewählten Gebiet eingeladen, Ausflüge zu relevanten Orten unternommen und zum Schluss ein großes Finale organisiert werden, zu dem beispielsweise auch die Eltern eingeladen werden. Kreative, sportliche und ruhige Projektphasen können so kombiniert und optimal auf die Bedürfnisse aller Kinder angepasst werden. Projekte ermöglichen den Kindern sich als verantwortungsbewusste und (selbst-)wirksame Menschen und Teil einer Gruppe zu erleben. Eigene Ideen und Vorschläge werden wahr- und angenommen, die eigene Meinung kann geteilt werden. Sie als Betreuungskräfte können ausprobieren, was sie den Kindern zutrauen und zumuten können.

117. Welchen Umfang muss die Ferienbetreuung haben?

In den Bundesländern ohne Rechtsanspruch auf Betreuung können die Schließzeiten derzeit noch individuell festgelegt werden. Auch ist hier eine Ferienbetreuung nicht verpflichtend. In den übrigen Bundesländern, in welchen der Rechtsanspruch zum Tragen kommt, müssen auch die Ferien im Rahmen der Betreuung abgedeckt werden. Schließzeiten von (je nach Bundesland) 4 Wochen können auf die Ferien verteilt werden. Die Betreuung während der Ferien muss an fünf Tagen mit jeweils acht Stunden angeboten werden.

118. Welche Mitarbeiter sind für die Ferienbetreuung zuständig?

Die Ferienbetreuung muss so angeboten werden, dass jedes Kind wohnortnah betreut werden kann. Das bedeutet, dass nicht jede Einrichtung eine Ferienbetreuung anbieten muss und sich die Mitarbeiter verschiedener Einrichtungen für das Abdecken der Betreuungstage zusammenschließen können. So ist gewährleistet, dass nicht zu viele Überstunden geleistet werden müssen und alle Betreuungskräfte ihren Urlaubsanspruch einlösen können. Klären Sie die Abläufe im Vorfeld, stellen Sie einen Arbeitsplan auf und besprechen Sie im Team, wer welchen zeitlichen Rahmen während der Ferienbetreuung abdecken kann und will. Beachten Sie dabei den Stundenumfang der einzelnen Mitarbeiter.

Förderung

119. Was umfasst das Gesetz zur ganztägigen Förderung von Kindern im Grundschulalter?

Mit dem „Gesetz zur ganztägigen Förderung von Kindern im Grundschulalter" (Ganztagsförderungsgesetz – GaFöG) hat der Bundesgesetzgeber einen Rechtsanspruch auf eine ganztägige Förderung und Betreuung im Sozialgesetzbuch Achtes Buch (SGB VIII) verankert. Das Gesetz ist am 12. Oktober 2021 in Kraft getreten.

120. Welchen Rechtsanspruch haben die Eltern beginnend mit dem Schuljahr 2026/27?

Folgende Rahmenbedingungen zum Rechtsanspruch sind festgelegt worden:

- Jedes Kind hat ab dem Schuleintritt bis zum Beginn der Klassenstufe 5 einen Anspruch auf eine ganztägige Förderung.
- Der Rechtsanspruch greift stufenweise ab dem Schuljahr 2026/2027 beginnend mit Klassenstufe eins und wird bis zum Schuljahr 2029/2030 jährlich um eine Klassenstufe erweitert.
- Der Umfang besteht an den fünf Werktagen im zeitlichen Umfang von 8 h. Über diesen zeitlichen Umfang hinaus ist ein bedarfsgerechtes Angebot vorzuhalten.
- Der Rechtsanspruch gilt auch für die Zeit der Schulferien. Durch Landesrecht kann eine Schließzeit von vier Wochen festgelegt werden.

121. Wie kann ich Kinder im Rahmen der Betreuungszeiten entsprechend ihrer Fähigkeiten fördern?

Als Bildungsort unterstützt und fördert die Schulkindbetreuung die Kinder in ihrer Entwicklung. Sie sollen sich wohlfühlen, gerne kommen, sich mit ihren Wünschen und Bedürfnissen angenommen fühlen und dabei auch lernen, dass diese nicht immer erfüllt werden können.

Bildung wird als sozialer Prozess verstanden, an dem sich Kinder und Erwachsene aktiv beteiligen. In der gemeinsamen Interaktion, im sozialen Dialog und im ko-konstruktiven Prozess findet Bildung statt. Sie als pädagogisches Personal fungieren als Begleiter und Unterstützer von Lernprozessen, die das Kind in vielfältiger Form während der Zeit in der Grundschulbetreuung machen kann.

Dabei wird dem Forschen und Entdecken, dem sich Austauschen und Verhandeln größerer Wert beigemessen als dem bloßen Erwerb von Wissen und Fähigkeiten. Lernen passiert hierbei auf vielfältige Weise.

Das Betreuungsteam lebt mit den Kindern ein Stück Alltag gemäß dem Leitsatz der Konzeption und nimmt an Freud und Leid der Kinder Anteil. Es ist ihnen im Rahmen der Betreuung ein großes Anliegen, Kinder dabei zu begleiten, sich zu kompetenten, selbstständigen, selbstbewussten und selbstverantwortlichen Menschen zu entwickeln, die bereit sind, für sich und andere Verantwortung zu übernehmen. Das setzt voraus, dass Kinder in verschiedenen Bereichen Möglichkeiten haben sich zu erproben, Erfahrungen zu sammeln und in der Reflexion aus diesen Erfahrungen zu lernen.

Fortbildung

122. Habe ich als Betreuungskraft ein Anrecht auf Fortbildungen?

Grundsätzlich haben Arbeitnehmer keinen Anspruch auf eine Fort- oder Weiterbildung. In der Regel gibt es jedoch entsprechende betriebliche Vereinbarungen oder Regelungen im Arbeitsvertrag. Erkundigen Sie sich, welche Optionen laut ihrem Arbeitsvertrag offenstehen. Fragen Sie Ihren Arbeitgeber nach konkreten Fortbildungsmöglichkeiten. Damit zeigen Sie Engagement und Verantwortungsbewusstsein für eine qualitativ hochwertige Betreuung.

123. Wie oft darf ich an Fortbildungen teilnehmen?

Auch hier gelten die Regelungen im Arbeitsvertrag. Ist dort nichts festgehalten, fragen Sie bei Ihrem Arbeitgeber nach. Ganz allgemein hat man ein Anrecht auf fünf Tage Bildungsurlaub pro Jahr.

124. Wirken sich die erfolgreich besuchten Fortbildungen auf meine Gehaltseingruppierung aus?

Besprechen Sie mit Ihrer Führungskraft vor Teilnahme an einer Fort- oder Weiterbildung, welche Möglichkeiten sich mit einem erfolgreichen Abschluss für Sie eröffnen. Je nach thematischem und zeitlichen Umfang der Fortbildungen und je nach Berufserfahrung (Anstellungszeitraum in der Betreuung) können Sie mit dem Ziel einer höheren Eingruppierung auf Ihren Arbeitgeber zugehen.

125. Wo kann ich passende Fortbildungen finden?

Erkundigen Sie sich nach Weiterbildungen im pädagogischen oder sozialen Bereich. Anbei finden Sie einige Hinweise und Beispiele:

(a) CaritasCampus (https://www.caritas-campus.de/)
(b) Volkshochschule (bietet bei uns im Kreis beispielsweise immer wieder Zertifikatskurse im pädagogischen Bereich)
(c) Pädagogische Hochschule Karlsruhe (https://www.ph-karlsruhe.de/weiterbilden)
(d) Kommunalverband für Jugend und Soziales Baden-Württemberg (https://www.kvjs.de/fortbildung-fachschulen/fortbildung/startseite-fortbildung)
(e) Sozialpädagogisches Fortbildungszentrum (SPFZ) (https://lsjv.rlp.de/themen/kinder-jugend-und-familie/sozialpaedagogisches-fortbildungszentrum)
(f) Verwaltungsschule Baden-Württemberg
(g) Pädagogische Basisqualifizierung

(https://kita.rlp.de/traeger-und-fachkraefte/fachkraeftevereinbarung/paedagogische-basisqualifizierung)

(https://daa-bawue.de/bildungsangebote/paedagogische-qualifikation/paedagogische-qualifikation)

G

Geduld

126. Geduld, Geduld – Luca ist immer so ungeduldig, was soll ich machen?

Mit Aussagen wie „du bist immer so ungeduldig" oder „sei mal geduldig" werden wir wenig Erfolg haben. Primär haben wir nur Einfluss auf uns selbst und können Andere nicht verändern (sondern nur zum Nachdenken anregen). Hier kann es z. B. hilfreich sein, dass wir Geduld mit uns haben und mit Luca. Die Kontrolle zu behalten kann eine Herausforderung darstellen, wer die Kontrolle verliert, verliert auch das Spiel. Mit den Sätzen oben drängen wir ganz ungeduldig, dass Luca jetzt plötzlich ganz geduldig z. B. in der Schlange in der Mensa ansteht und nicht mehr zappelt, vordrängelt und die anderen Schüler schubst. Was könnten wir alternativ unternehmen? Wir stellen uns ganz ruhig und geduldig neben ihn und fragen z. B. „hast du heute auch wieder großen Hunger? – und das dauert hier immer so lange!". Seien Sie konkret in Ihren Äußerungen, statt „wir spielen später" sagen Sie lieber „wir spielen, sobald ich das Telefonat beendet habe, such das Spiel schon

---

Ergänzende Information Die elektronische Version dieses Kapitels enthält Zusatzmaterial, auf das über folgenden Link zugegriffen werden kann [https://doi.org/10.1007/978-3-658-50731-2_7].

einmal heraus und bau die Figuren auf". So hat das Kind einen klaren Auftrag erhalten und kann zudem einen Teil der Wartezeit überbrücken. Je nach Alter kann auch eine klare Zeitangabe oder eine Eieruhr helfen durchzuhalten und für faire Bedingungen zu sorgen.

127. Was bringt uns Geduld im Betreuungsalltag?

Wenn Kinder etwas erreichen möchten oder etwas verändern wollen so benötigen Sie Durchhaltevermögen und damit verbunden auch Geduld, um sich nicht entmutigen zu lassen und dranzubleiben. Damit unterstützt Geduld die persönliche und schulische Weiterentwicklung von Kindern. Auch hilft Geduld dabei wichtige Details zu erkennen und sich zu fokussieren. So können Fehler vermieden und Zeit eingespart werden. Geduld fördert zudem die soziale Kompetenz und Kommunikationsfähigkeit. Einfühlungsvermögen und Empathie erlauben es Kindern zuzuhören und aktiv Fragen zu stellen, sie sind team- und konfliktfähiger, nehmen die Bedürfnisse anderer Menschen besser wahr. Wer geduldiger ist, ist auch weniger stressanfällig, Ungeduld sorgt für innere Unruhe und stellt eine psychische und physische Belastung dar.

Genderpädagogik

128. Was sind die Grundlagen der Genderpädagogik?

Heutzutage geht es im pädagogischen Kontext immer mehr darum, Kinder in ihren individuellen Geschlechtsidentitäten zu erkennen, zu verstehen und zu unterstützen und das ganz ohne eine konkrete Vorstellung des typisch männlichen oder typisch weiblichen Geschlechts. Die Diversität soll wahrgenommen und angenommen werden, um jedem Kind die besten Voraussetzungen bieten zu können die eigene Identität und Persönlichkeit zu erkennen und zu leben. Gender bezeichnet dabei nicht das körperliche Geschlecht an sich, sondern die psychischen und sozialen Aspekte, die durch eine Geschlechtszugehörigkeit erlebt, anerzogen oder übernommen werden. Für Sie als Betreuungskräfte heißt es hier geschlechtsspezifische Zuordnungen (z. B. Fußball ist nur etwas für Jungs oder nur Mädchen spielen mit Puppen) zu neutralisieren und jedes Kind in seiner eigenen Entwicklung zu unterstützen.

129. Wie kann in der Betreuung genderbewusst gearbeitet werden?

Stellen Sie die klaren Trennungen der Spielbereiche und -zugehörigkeiten infrage und etablieren Sie eine Durchmischung der Kinder. Das Puppenhaus kann neben der Lego- oder Bauecke eingerichtet werden, so sind die Kinder weniger räumlich in einen bestimmten Bereich gedrängt und offener für neue Erfahrungen. Nutzen Sie stereotype Darstellungen in Büchern oder Hörspielen, um mit den Kindern offen über das Thema zu sprechen. Greifen Sie das Thema auch auf, wenn es zwischen den Kindern zu Äußerungen diesbezüglich kommen sollte. Kinder bekommen auch oft von zuhause solche Rollenbeschreibungen mit auf den Weg, nicht selten sind Sätze zu hören wie „Jungs weinen nicht, benimm dich wie ein Mann", „Puppen sind doch was für Mädchen" oder „mach dich nicht schmutzig, Prinzessin". All diese Äußerungen gruppieren die Kinder von vornherein geschlechtsspezifisch ein, seien Sie offen, fördern Sie die Kinder in ihrer Individualität, frei von gesellschaftlichen Normen und herrschenden Geschlechterklischees und vor allem reflektieren Sie Ihre eigene Einstellung zu dem Thema.

Geschlechteridentität

130. Was ist Geschlechteridentität?

Die Geschlechteridentität beschreibt das tief empfundene innere und persönliche Gefühl der Zugehörigkeit zu einem speziellen Geschlecht, welches mit dem bei der Geburt zugewiesenen Geschlecht übereinstimmen kann, aber nicht muss. Es handelt sich rein um das subjektive Empfinden einem gewissen Geschlecht anzugehören oder auch zwischen Geschlechtern zu stehen. Das Geschlecht wird somit als etwas definiert, was von der Person selbst festgelegt wird.

131. Welche Probleme können im Bezug auf Geschlechteridentität entstehen?

Geschlecht kann sehr vielfältig sein und wer heute nicht in das klassische binäre Geschlechtsmodell (Mann und Frau) passt, wer oft übersehen, nicht ernst genommen oder diskriminiert wird und wer sich immer erklären muss, kann unter diesem Zustand sehr leiden. Dies wiederum kann Auswirkungen auf die Gesundheit, die

Zufriedenheit oder die schulischen Leistungen haben. Vor allem in der Schule begegnen sich viele verschiedene Menschen, die sich in ihrer geschlechtlichen Identität, ihrem Alter, ihrer Herkunft, ihrer Religion oder Weltanschauung, ihren körperlichen und geistigen Fähigkeiten sowie in ihrer sexuellen Identität unterscheiden und alle dennoch das gleiche Recht auf Bildung und Entfaltung ihrer Persönlichkeit haben. In jeder Schule sollte es einen entsprechend geschulten Lehrer geben, der Sie bei Fragen beraten und unterstützen kann, aber auch die Schulsozialarbeit sollte in dieser Hinsicht über Kenntnisse verfügen und Ihnen zur Seite stehen können.

Gesundheit

132. Wie können wir die Gesundheit der Schüler in der Betreuung fördern?

Das Thema Gesundheit an Schulen ist keine vorübergehende Modeerscheinung. Vielmehr entwickelt die Bundeszentrale für gesundheitliche Aufklärung seit mehr als 20 Jahren spezielle Medien und Konzepte. Sie beziehen sich auf die körperliche, geistige und soziale Gesundheit von Schülern und Lehrern.

Für die Betreuung lassen sich zum Thema körperliche Gesundheit folgende Schlagworte finden: Gesundes Mittagessen, (Schul-)Obst für Zwischendurch, zur Verfügung stehendes Trinkwasser und Tee (anstelle von mitgebrachten Zuckergetränken), ein vielfältiges Bewegungsangebot (Freispiel und AGs), Spiel und Sportgeräte die Bewegung fördern (Tischtennisplatte, Frisbee, Badmintonschläger, Fahrzeuge aller Art etc.).

Für die Betreuung lassen sich im Thema körperliche Gesundheit folgende Schlagworte finden: Umsetzung des Erziehungsauftrags (Einschreiten bei allen Fällen von Gewalt, Aufstellen und Einhalten klarer Regeln, Verlässlichkeit und Bindung, klare pädagogische Haltung, respekt- und liebevoller Umgang, Partizipation und Mitgestaltung, Selbstverantwortung und Verantwortungsübernahme.

Für die Betreuung lassen sich zum Thema geistige Gesundheit folgende Schlagworte finden: Altersgerechte Hausaufgabenzeit und -Betreuung, Bereitstellen von Lernspielen, Kulturelle und musische Angebote.

Gewaltfreie Kommunikation

133. Was ist Gewaltfreie Kommunikation?

Die Gewaltfreie Kommunikation definiert ein Gesprächsmodell, in dessen Fokus das empathische Zuhören steht. Entwickelt wurde es von dem amerikanischen Psychologen Marshall Bertram Rosenberg, dem vor allem die Haltung dem Gesprächspartner gegenüber wichtig war. Diese soll geprägt sein von Aufmerksamkeit, Verständnis und Wertschätzung und der Fokus soll auf den Emotionen und Bedürfnissen der Gesprächsbeteiligten liegen.

134. Wie funktioniert Gewaltfreie Kommunikation?

Marshall B. Rosenberg hat seinem Gesprächsmodell vier Schritte zugrunde gelegt, um die Bedürfnisse und Gefühle während eines Gespräches in den Fokus zu rücken.

(a) Beobachtung ohne Bewertung
(b) Verbalisierung der Gefühle
(c) Erkennen der Bedürfnisse des Gesprächspartners
(d) Formulieren einer Bitte

In Bezug auf Ihre Arbeit in der Schulbetreuung könnte dies heißen, dass Sie genau formulieren, wie der gegenüber Sie unterstützen kann oder Vermutungen anstellen, mit welchen Bitten oder Bedürfnissen der Gesprächspartner auf Sie zukommt, z. B. „Wenn ich Sie richtig verstanden haben, bitten Sie mich um eine frühzeitige Mitteilung, falls es zu Veränderungen der Betreuungszeiten kommen sollte".

135. Wann wird Gewaltfreie Kommunikation angewendet?

Die Gewaltfreie Kommunikation kommt in zwei Situationen zum Tragen, zum Einen, wenn Sie als Betreuungskraft selbst ein Anliegen äußern und sich verständlich machen möchten ohne andere zu kritisieren. Zum Anderen, wenn Sie die Anliegen von Kollegen, Lehrern, Eltern oder Kindern empathisch aufnehmen möchten ohne Kritik oder Beschuldigungen zur Grundlage des Gespräches zu machen, um ein Gelingen dieses Gespräches zu fördern.

Grenzen

136. Warum ist es wichtig, dass in der Betreuung Grenzen gesetzt werden?

Grenzen sind in der Betreuung wichtig, weil sie Schülern Sicherheit, Orientierung und Halt geben. Sie helfen Kindern, sich in ihrer Umgebung zurechtzufinden, ihre eigenen Bedürfnisse zu erkennen und soziale Kompetenzen zu entwickeln (siehe dazu auch Frage 284).

Gymnasium

137. Gibt es einen Unterschied zwischen Betreuung in der Grundschule und Betreuung im Gymnasium?

Alle Konzepte, Modelle, Herangehensweisen und Einstellungen machen keinen Unterschied zwischen der Grundschule und dem Gymnasium (und anderen weiterführenden Schulen). Einzig das Alter der Kinder und ihr Entwicklungsfortschritt unterscheidet sich. Das findet in der Grundschule ebenfalls statt, wo wir vom Erst- zum Viertklässler einen gewaltigen Zugewinn an Selbstverantwortung und Verantwortungsbewusstsein erleben.

Hausaufgaben

138. Die Eltern erwarten, dass ihr Kind alle Hausaufgaben in der Betreuung erledigt. Der Schüler schafft dies aber nicht, was soll ich tun?

In der Betreuung wird lediglich eine Hausaufgabenzeit angeboten. Es besteht kein Anspruch seitens der Eltern oder Lehrer, dass dort auf Vollständigkeit und Richtigkeit überprüft wird.

Grundsätzlich sollten Sie nach dem Grundsatz so wenig Hilfe wie möglich, so viel Hilfe wie nötig handeln. Es ist auch völlig in Ordnung, wenn die Hausaufgaben unvollständig oder ein paar Fehler enthalten sind, schließlich benötigt der Lehrer eine Rückmeldung über den Lernstand. Lassen Sie sich nicht unter Druck setzen, entwickeln Sie eigene Abläufe und Regeln für die Hausaufgabenzeit, welche gut in Ihren Tagesablauf passen. Kein Kind kann und möchte nach einem langen Schultag auch noch am Nachmittag ewig an den Hausaufgaben sitzen. Bewegung, Spiel und Spaß haben ebenso einen angemessenen zeitlichen Rahmen verdient und fördern zudem nebenbei auch Fähigkeiten und Fertigkeiten der Kinder.

Ergänzende Information Die elektronische Version dieses Kapitels enthält Zusatzmaterial, auf das über folgenden Link zugegriffen werden kann [https://doi.org/10.1007/978-3-658-50731-2_8].

139. Wozu dienen Hausaufgaben?

Hausaufgaben fördern das selbstregulierte Lernen der Kinder. Eine zentrale Aufgabe der Hausaufgaben war und ist es dabei, diese Kompetenz unterstützend zu entwickeln und zu fördern. Sich in Wissen vertiefen, knifflige Probleme möglichst alleine zu bewältigen, aber vor allem üben und damit fördern, das sind die Ziele für das Format Hausaufgaben. Hausaufgaben unterstützen das Lernen in der Schule, ergänzen den Unterricht und führen diesen weiter. Sie animieren im besten Fall das Kind etwas nachzuschlagen und zu wiederholen, etwas auszuprobieren, zu üben und zu vertiefen und etwas in neuen Situationen anzuwenden.

140. Was sind Kriterien für gute Hausaufgaben?

Gute Hausaufgaben stehen in einem sinnvollen Zusammenhang zum Unterricht und sind in ihrer Zielsetzung eindeutig. Auch für Eltern und Betreuungskräfte sind sie klar, verständlich und nachvollziehbar. Gute Hausaufgaben ermöglichen individuelle Lernfortschritte und Erfolgserlebnisse, sind abwechslungsreich, motivierend sowie alters- und erfahrungsgerecht. Und vor allem können sie selbstständig in angemessener Zeit erledigt werden. Erst- und Zweitklässler sollten nicht länger als 30 min, Dritt- und Viertklässler nicht länger als 45 min an den Hausaufgaben sitzen. Die 10-Minuten-Regel besagt, dass ein Kind für die Klassenstufe, in der es sich befindet, je 10 min Hausaufgaben machen sollte. Dies bedeutet in der 1. Klasse 10 min, in der 2. Klasse 20 min etc. .

141. Was kann die Hausaufgabenzeit in der Betreuung leisten?

Die Kinder können nur im Rahmen ihrer individuellen Fähigkeiten lernen und Hausaufgaben anfertigen Die Lern- und Konzentrationsfähigkeiten sind sehr unterschiedlich ausgeprägt. Auf diese ganz vielfältigen Bedürfnisse können die Betreuungskräfte nicht immer eingehen und damit die Kinder in ihrem Lernen nur begleiten und nicht explizit fördern. Eine feste Bezugsperson während der Hausaufgabenzeit und feste Strukturen und Abläufe geben den Kindern Sicherheit, ebenso die Möglichkeit Fragen stellen zu dürfen. Die Hausaufgabenzeiten richten sich oftmals nach weiteren Programmpunkten wie dem Mittagessen oder AG-Angeboten. Flexible Zeiten kommen jedoch den Kindern mehr entgegen, manche benötigen nämlich nach einem langen Schultag eine Auszeit und Bewegung bevor es wieder an den Schreibtisch geht und Konzentration gefragt ist.

Herausfordernde Kinder

142. Was macht herausfordernde Kinder aus?

Herausforderndes Verhalten zeigt sich in kindlichen Verhaltensweisen, die von den üblichen sozialen Normen abweichen und die Fachkräfte vor größere Herausforderungen stellen. Wenn Kinder über einen längeren Zeitraum hinweg auffälliges (aggressives, trotziges, trauriges) Verhalten zeigen, können dem auch tiefgreifendere Ursachen zugrunde liegen, die auf eine Störung des Sozialverhaltens hindeuten können. Betroffene Kinder haben Schwierigkeiten sich ruhig zu verhalten, ihre Wut zu kontrollieren, sich an die sozialen Normen zu halten und ihre Bedürfnisse angemessen zu äußern. Sie zeigen dies im Schikanieren anderer, durch übergriffiges Verhalten, Wutausbrüche, Streitereien oder zerstörerische Handlungen und sollten rechtzeitig therapeutische Unterstützung erhalten.

143. Wie geht man als Betreuungskraft mit herausfordernden Kindern um?

Im Umgang mit herausforderndem Verhalten gibt es keine schnellen Lösungen oder Patentrezepte. Der Umgang mit herausforderndem Verhalten erfordert Geduld, Empathie und Kreativität. Durch ein tiefes Verständnis für die Bedürfnisse der Kinder, klare Strukturen und eine positive Kommunikationskultur können Erziehende dazu beitragen, dass jedes Kind sich wohlfühlt und sein volles Potenzial entfalten kann. Indem wir uns auf die Stärken jedes Kindes konzentrieren, schaffen wir eine Umgebung, in der alle Kinder lernen und wachsen können. Es bedarf einer genauen Analyse auf vielen Ebenen, um das grundlegende Problem zu ergründen. Bevor man ein Verhaltensmuster analysieren und verstehen kann, gilt es zunächst das Kind genau zu beobachten. Anschließend werden passgenaue Handlungsoptionen ausgewählt, die dann in die Tat umgesetzt werden. Dabei gilt es immer die Interaktion mit dem Kind, die Zusammenarbeit mit den Eltern und anderen Aktionspartnern und den Austausch im Team zu berücksichtigen. Es ist wichtig, die Hintergründe des Verhaltens zu analysieren und zu verstehen. Liegen emotionale Belastungen oder familiäre Probleme vor, gibt es Entwicklungsverzögerungen oder mangelnde Sozialkompetenzen? Schaffen Sie einen Rahmen, etablieren Sie

Routinen und klare Regeln, feste Abläufe schaffen Sicherheit. Fördern Sie die Kommunikation, zeigen Sie wie Konflikte auch ohne körperliche Gewalt gelöst werden können und ermutigen Sie die Kinder, über Ihre Gefühle zu sprechen. Bieten Sie Unterstützung an, haben Sie ein offenes Ohr, loben Sie die Kinder individuell für gutes Verhalten oder besondere Leistungen und setzen Sie realistische Ziele. Achten Sie dabei auch immer auf sich und ihr Wohlbefinden, tauschen Sie sich im Team über belastende Situationen aus.

144. Wie integriert man Kinder mit AD(H)S in die Gruppe?

Die Auswirkungen von AD(H)S zeigen sich in verschiedenen, aber nicht allen Situationen im schulischen Kontext. Es gilt für jedes Kind individuell herauszufinden, in welchen Momenten die Symptome verstärkt auftreten. Meist handelt es sich um Phasen, in welchen den Kindern viel Freiraum gelassen wird und Selbstständigkeit gefragt ist, aber auch während routinierter Tagesabläufe kann es zu Auffälligkeiten kommen. Neben der Erstellung einer psychologischen und sonderpädagogischen Diagnostik durch entsprechende Therapeuten, sollten Sie eng mit den Eltern und Lehrkräften zusammenarbeiten, um ein umfassendes Verständnis für die Problematiken zu entwickeln, die Umgebung möglichst an die Bedürfnisse anzupassen und Umgangsstrategien zu erarbeiten. Durch eine gestärkte Beziehung zum Kind, klare Strukturen, gezielte positive Verstärkung und den Einsatz klarer Konsequenzen können Sie helfen die Verhaltensauffälligkeiten zu begrenzen. Ein fester Sitzplatz während der Essens- und Hausaufgabenzeit mit möglichst wenig Ablenkungspotenzial, Rückzugsmöglichkeiten im Betreuungsalltag, verlässliche Tagesabläufe, Bewegungspausen und Refokussierungen durch Lob und Feedback können im Umgang mit AD(H)S helfen. Trotz bester Rahmenbedingungen kann es dennoch vorkommen, dass Schüler eine besondere/andere Unterstützung benötigen, als sie die Betreuung bieten kann. Sprechen Sie offen mit den Lehrern und Eltern darüber. Ziel ist es immer, die beste Lösung für das Kind zu finden, dies kann auch bedeuten, dass die reguläre Schulkindbetreuung nicht den richtigen Rahmen für das Kind bieten kann.

145. Wie meistere ich stressige Alltagssituationen?

Im Betreuungsalltag kann in manchen Situationen einfach mal alles zu viel werden, zu viele Probleme sind zu lösen, zu viele Aufgaben zu bewältigen. Um solche Phasen gut überwinden zu können bedarf es dreier Mittel: der eigenen Widerstandskraft, geeigneter Ressourcen und guter Bewältigungsstrategien. Mit der nötigen Widerstandskraft ist man resilient und in der Lage Belastungen auch einmal auszuhalten. Mithilfe von Ressourcen wie Familie, Freunde oder Kollegen, aber auch meiner körperlichen Verfassung, meinem Wissen und meinen speziellen Kompetenzen und einer gesunden Portion Optimismus können stressige Phasen besser durchlebt werden. Auch mit der nötigen Bewältigungsstrategie, also guter Vorbereitung, Freizeitausgleich und der richtigen Einstellung kann Stress bezwungen werden.

146. Wie sieht das Drei-Schichten-Modell aus?

Das Drei-Schichten-Modell von Monique Boekaerts (Abb. 1) ist ein bekanntes Modell zur Darstellung des Selbstregulierten Lernens. Es besteht aus drei Ebenen, welche in wechselseitiger Beziehung zueinanderstehen: Die Regulation des Selbst (selbst), des Lernprozesses (reguliert) und der Informationsverarbeitung (lernen).

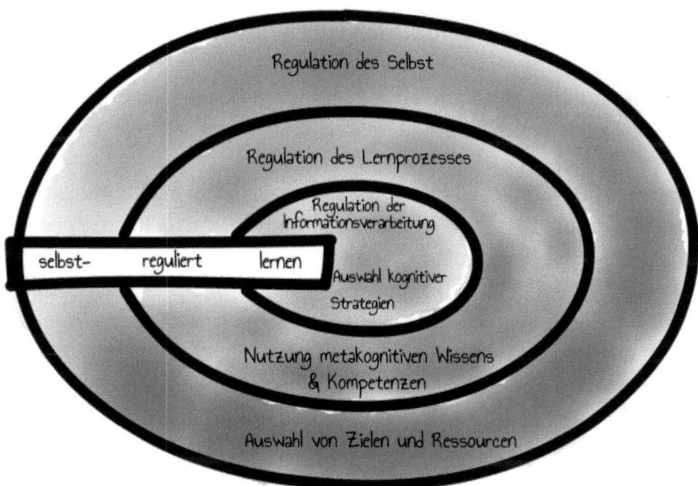

Abb. 1 Das Drei-Schichten-Modell zur Darstellung des Selbstregulierten Lernens zu finden unter https://toolbox.edu.tum.de/assets/images/modules/7/m7_ews_schichtenmodell.png (Nutzungshinweise der Creative Commons unter https://toolbox.edu.tum.de/pages/info/licence.html.

(a) Regulation der Informationsverarbeitung
Sie besagt, dass Lernende eigene Strategien wählen und anwenden können, um
zum Ziel zu gelangen (was kann ich tun?)

(b) Regulation des Lernprozesses
Diese Schicht unterstützt die erste Schicht. Die Strategien werden optimiert
und überprüft (wie kann ich mein Vorgehen überprüfen?). Dies kann eigenständig oder mit Unterstützung von anderen (z. B. Lehrkräften) geschehen.

(c) Regulation des Selbst
Hier rückt die Motivation des Lernenden in den Vordergrund (warum soll ich
etwas tun?). Hier geht es um das Festlegen von Zielen und die Bereitstellung
der zur Zielerreichung notwendigen Ressourcen aus.

147. Welche Handlungsideen und Lösungsmöglichkeiten gibt es im Umgang mit herausfordernden Kindern?

Beachtet man gewisse Aspekte im Umgang mit Kindern mit herausforderndem
Verhalten, kann dies zu einer Verbesserung der Situation führen:

(a) Achten Sie auf klare Strukturen und Routinen. Ein fester Tagesablauf kann wie
ein roter Faden durch den Tag führen und Stress und Unsicherheiten re-
duzieren.
(b) Zeigen Sie Verständnis und fühlen Sie sich in das Kind hinein. Empathie ist oft
der Schlüssel zum Erfolg, zeigen Kinder ihre Bedürfnisse doch oft noch durch
ihr Verhalten (da sie sie nicht in Worte fassen können).
(c) Loben Sie die Kinder auch für noch so kleine Erfolge oder Veränderungen.
(d) Entwickeln Sie individuelle Ansätze und Strategien. Jedes Kind ist anders und
benötigt eine andere Unterstützung.
(e) Arbeiten Sie eng mit Eltern und Schule zusammen, tauschen Sie sich aus und
ziehen Sie an einem Strang.
(f) Tauschen Sie sich im Team aus, sprechen Sie alle Probleme an, seien Sie ehr-
lich, wenn Sie sich überfordert oder allein gelassen fühlen.

148. Wie kann emotionale Kompetenz unterstützt und gefördert werden?

Kinder müssen erst lernen, die eigenen Gefühle und die Gefühle anderer zu verstehen, diese Fähigkeit ist für ein soziales Miteinander wichtig. Die emotionale Kompetenz umschreibt die Fähigkeit, sowohl die eigenen Gefühle als auch die Gefühle anderer wahrnehmen und regulieren zu können. Dazu gehört auch ein angemessener Umgang mit negativen Gefühlen.

Vor allem Kommunikation ist der Schlüssel für das Erlernen der sozialen und emotionalen Kompetenzen. Ohne Kommunikation können schwer Kontakte geknüpft und Gefühle vermittelt werden. Erwachsene haben eine Vorbildfunktion, sie leben das emotionale Verhalten vor, wodurch das Kind verbale Reaktionen, Mimik und Gestik einzuschätzen lernt. Vier Aspekte sind besonders wichtig:

(a) Ein gutes emotionales Familienklima
(b) Das Einfühlungsvermögen der Eltern
(c) Das rechtzeitige Wahrnehmen der kindlichen Gefühle und eine angemessene Reaktion darauf
(d) Das offene Sprechen über Gefühle.

149. Wie kann ich auf Kinder reagieren, die während der Hausaufgabenzeit nicht arbeiten, unruhig sind und die anderen Kinder ablenken?

Nehmen Sie sich im Interesse aller Beteiligten die Zeit mit dem Kind ins Gespräch zu kommen. Fragen Sie nach, warum das Kind keine Hausaufgaben machen möchte und was man eventuell verändern könnte, damit die Zeit doch sinnvoll genutzt werden kann. Was benötigt das Kind, was hilft für eine höhere Motivation und bessere Konzentration? Vielleicht benötigt das Kind mehr Ruhe, ein anderes Arbeitsumfeld oder eine engere Unterstützung. Beziehen Sie auch die Eltern und die Klassenleitung mit ein und klären Sie ab, ob Erkrankungen oder Störungsbilder vorliegen oder es in letzter Zeit einschneidende Erlebnisse oder Veränderungen im Umfeld des Kindes gab. Auch kann es hilfreich sein, zu hinterfragen, ob das Verhalten im Unterricht ebenfalls auffällig ist, bzw. in welchen Situationen dieses Verhalten auftritt. Überlegen Sie gemeinsam, wie das Kind gestärkt werden kann und wie sie mit positiver Verstärkung (Teil-)Erfolge erzielen können. Hobbys wie

(Team-)Sport, Musik oder gemeinsame Spiele können die Konzentrationsfähigkeit, die Organisationsfähigkeit und den Teamgeist schulen und zur Verbesserung der Problematik beitragen.

Humor

150. Welche Rolle spielt Humor im Betreuungsalltag?

Kinder lachen etwa 400 Mal am Tag, Erwachsenen nur noch etwa 15 Mal, dabei hat Humor positive Auswirkungen auf unser Wohlbefinden und ein Lächeln im Gesicht trägt direkt zu einer besseren Stimmung bei. Lächeln ist eine wichtige Fähigkeit, um sozialen Kontakt aufzubauen, die uns im gesamten weiteren Leben zugutekommt, auch in der Ganztagsbetreuung: So lässt sich durch ein Lächeln schnell zu allen Kindern und Eltern – auch zu denen, die nicht unsere Sprache sprechen – gut und schnell Kontakt herstellen. Lachen ruft auch im Körper positive Veränderungen hervor, über 100 Muskeln werden beim Lachen aktiviert und der Körper mit mehr Sauerstoff versorgt.

Die Kinder sorgen oftmals schon selbst für lustige Situationen, da kann auch gerne einmal mitgelacht werden. Auch Witze, lustige Sprüche oder Cartoons bringen gute Laune in den Alltag. Sammeln Sie doch einmal besonders lustige Aussagen oder Antworten der Kinder und erstellen Sie ein „Best-Of", was Sie immer wieder hervorholen und ergänzen können.

Ich-Botschaften

151. Meine Teamleitung sagt, ich solle mehr in „Ich-Botschaften" sprechen, was meint sie damit?

Bei einer sogenannten „Ich-Botschaft" handelt es sich um eine persönliche Äußerung, welche ein erwünschtes Verhalten beschreibt, ohne es zu bewerten oder den Gegenüber zu beschuldigen. Ich sage dabei, was ich mir wünsche, was mir wichtig ist und vermeide, dass der Empfänger der Nachricht sich angegriffen fühlt und eine Blockade, ein Schutzschild, aufbaut. Die vorwurfsvolle und kritisierende Haltung hinter einer Du-Botschaft triggert eine solche Abwehrreaktion, führt im Zweifel zu Beschuldigungen und Vorwürfen und bringt ein enormes Konflikt- und Eskalationspotenzial mit sich. Um dies zu umgehen, sage ich z. B. besser „Ich wünsche mir, dass es bei den Hausaufgaben leise ist", anstelle von „Du bist ja schon wieder am reden, sei doch endlich mal leise".

Ergänzende Information Die elektronische Version dieses Kapitels enthält Zusatzmaterial, auf das über folgenden Link zugegriffen werden kann [https://doi.org/10.1007/978-3-658-50731-2_9].

152. Welche Vorteile soll eine Ich-Botschaft mit sich bringen?

In einer Ich-Botschaft sollen die Gefühle und Bedürfnisse des Senders deutlicher werden. Der Gegenüber wird nicht angegriffen und kommt damit auch in keine Verteidigungshaltung. Ich-Botschaften als eine Grundlagentheorie aus der Kommunikationspsychologie führen zu mehr gegenseitigem Verständnis, Respekt, Empathie, einer besseren Kommunikation und weniger Konfliktpotential. Der Sprecher legt den Fokus auf sich und seine Bedürfnisse, vermeidet Schuldzuweisungen und fördert damit ein besseres Verständnis zwischen den Gesprächspartnern.

Schauen wir noch einmal auf das obige Beispiel und denken die Situation nach folgender Aussage weiter:

„Du bist ja schon wieder am reden, sei doch endlich mal leise". „Ja, aber die Lisa hat mich gefragt, was wir in Deutsch noch alles machen müssen." Es folgen also oftmals Erklärungen, Rechtfertigungen und Diskussion, warum geredet wurde, oder nicht aufgeräumt oder noch nichts von den Hausaufgaben erledigt wurde etc. Dieser Konflikt kann durch eine Ich-Botschaft umgangen werden, welche eine partnerschaftliche Beziehung und eine offene Gesprächskultur positiv beeinflussen und deeskalierend wirken kann.

Inklusion

153. Was bedeutet Inklusion in der Schule?

Unter inklusiver Bildung versteht man das gemeinsame Leben und Lernen von Menschen mit Behinderungen und Menschen ohne Behinderungen. Inklusion ist ein pädagogischer Ansatz, der allen Menschen gleichberechtigt die Möglichkeit bietet, sich an der Gesellschaft zu beteiligen und diese mitzugestalten. Jeder Mensch gehört dazu, egal wie er aussieht, welche Sprache er spricht, welche Religion er lebt oder welche Beeinträchtigungen er hat, jeder gehört dazu, jederzeit und überall. Das Lehrerkollegium der allgemeinbildenden Schule und Lehrkräfte für Sonderpädagogik gestalten gemeinsam das Lernen der Schüler. Manche Kinder haben zur Unterstützung noch einen sogenannten Integrationshelfer an ihrer Seite, welcher das Kind, wann immer nötig, Hilfestellungen bietet. Inklusive Lernumgebungen bieten allen Kindern die Möglichkeit ihr Potenzial vollständig auszuschöpfen und qualitativ hochwertiges gemeinsames Lernen umzusetzen.

154. Wie kann Inklusion in der Betreuung gelingen?

Für eine gelungene Inklusion müssen (seitens der Schule) zuerst einige Rahmenbedingungen geschaffen werden. Hier geht es auf der einen Seite um organisatorische und bauliche Maßnahmen (Stichwort Barrierefreiheit) und ein entsprechendes pädagogisches Konzept auf der anderen Seite.

Um herauszufinden, ob ein Integrationskind erfolgreich an der Betreuung teilnehmen kann, empfiehlt es sich, zu Beginn eine Probezeit festzulegen, um im Anschluss zu besprechen, ob und wie es funktionieren kann. Ist am Vormittag eine Integrationskraft im Unterricht dabei, so wäre zu überlegen, ob diese am Nachmittag, zumindest zu Beginn noch unterstützt. Klappt die Integration gut, kann diese Zeit reduziert werden und z. B. nach den Hausaufgaben enden.

Ganz grundsätzlich gilt es zu prüfen, ob das Integrationskonzept der Schule sich bezüglich Punkten wie Räumlichkeiten, Mensa, Personalschlüssel und Qualifikation des Personals auch auf die Betreuung übertragen lässt. Ohne eine sehr enge Vernetzung von Schule, Eltern, Betreuungsteam, dem Träger und weiteren externen Kooperationspartnern ist die Umsetzung einer inklusiven Ganztagsbetreuung nicht erreichbar. Möchte Ihr Team dennoch diesen inklusiven Prozess auf den Weg bringen, so machen Sie kleine Schritte, behalten Sie alle Beteiligten im Blick, kommunizieren Sie offen über Vor- und Nachteile, über Ideen, Hinweise und Vorschläge und seien Sie flexibel hinsichtlich Anpassungen und Veränderungen von Strukturen. Wichtig dabei ist, dass Sie sich nicht entmutigen lassen und eine innere Haltung entwickeln, die geprägt ist von Wertschätzung, Empathie, Offenheit und Interesse am Gegenüber. Und vergessen Sie nicht Ihre eigenen Ressourcen, seien es die körperlichen, räumlichen oder zeitlichen.

Interessenkonflikte

155. Wie kann ich mit Interessenkonflikten umgehen?

Nicht nur bei den Hausaufgaben, sondern häufig auch beim Mittagessen, beim Spielen und in vielen anderen Situationen werden (unterschiedliche) Interessen an uns herangetragen. Unseren eigenen Ideen und Ziele, stehen denen der Schüler, Lehrer und Eltern gegenüber. Dass diese Ziele oftmals in ganz unterschiedliche Richtungen gehen, liegt in der Natur der Sache. Der Lehrer möchte, dass die Hausaufgaben vollständig gemacht werden, die Eltern erwarten, dass darüber hinaus noch geübt wird, die Kinder erwarten, dass sie möglichst schnell raus zum Spielen dürfen. Seien Sie sich dieser Interessenskonflikte bewusst. Sollten Beschwerden kommen, können Sie entsprechend reagieren und dem Gegenüber erklären, dass Sie nicht allen Interessen und Zielen gerecht werden können.

Interkulturalität

156. Was bedeutet Interkulturalität?

Spricht man von Interkulturalität, so ist damit das Aufeinandertreffen von mindestens zwei verschiedenen Kulturen gemeint, die trotz ihrer kulturellen Unterschiede miteinander interagieren und sich gegenseitig beeinflussen. Jede Seite versetzt sich dabei auch in die andere Kultur und versucht diese aus ihrer jeweiligen Lage zu sehen und zu verstehen, ohne Vorurteile auszubilden. Man tritt sozusagen in einen Austausch mit dem Ziel die andere Kultur zu verstehen, sich mit ihr vertraut zu machen und basierend auf Synergieeffekten ein kulturelles Miteinander zu schaffen. Interkulturelles Lernen bedeutet anderen Kulturen offen und mit Neugierde zu begegnen und diese als selbstverständlichen Teil des eigenen Alltags zu begreifen. Wichtig dabei ist das Bewahren der Offenheit gegenüber kulturellen Unterschieden und die Annahme und Akzeptanz der Diversität innerhalb der Gesellschaft.

157. Wie wird mit Vielfalt und Diversität in der Einrichtung umgegangen?

Eine große kulturelle Heterogenität bietet Chancen, bringt aber auch Herausforderungen im Betreuungsalltag mit sich. Nicht nur auf sprachlicher Ebene, auch im sozialen Bereich kann es zu Missverständnissen kommen. Wichtig ist dabei, dass die Einrichtung ein klares Leitbild im Umgang mit Interkulturalität schafft. Dieses muss mit allen Beteiligten, Kindern, Eltern, Lehr- und Betreuungskräften erarbeitet und umgesetzt werden. Interkulturelles und selbstgesteuertes Lernen, eine gute Kooperation in der Spracherziehung in Muttersprache und Deutsch, eine wertvolle Kooperation unter den Lehr- und Betreuungskräften, eine effektive Elternarbeit und die Anbindung der Familien auch außerhalb des Schulkontextes helfen dabei Interkulturalität positiv erlebbar zu machen. Erarbeiten Sie im Team, was sie leisten können und wollen. Welche Unterstützung erhalten Sie von schulischer Seite und von ihrem Träger? Wie können Sie die Kinder, die der deutschen Sprache noch nicht mächtig sind, angemessen betreuen und begleiten?

158. Wie kann Chancengleichheit trotz kultureller oder sprachlicher Unterschiede umgesetzt werden?

Versuchen Sie offen auf die Kinder zuzugehen und sich möglichst ungezwungen, notfalls auch auf nonverbaler Ebene, mit den Kindern zu verständigen. Schauen Sie, dass Sie möglichst umfangreiches mehrsprachiges Material und Literatur (Bücher, Filme, Musik, Kunstwerke) zur Verfügung haben und trainieren Sie den Umgang damit. Nutzen Sie das Angebot an Dolmetschern und DAZ-Fachkräften innerhalb der Schule. Die Sprachförderung ist mit der wichtigste Ansatz und gezielte Sprachförderprogramme, Sprachkurse und der Einsatz von zweisprachigem Lernmaterial, können die Kinder bestmöglich unterstützen. Binden Sie alle Kinder mit ein. Interkulturelles Lernen fördert Toleranz und Verständnis, schafft ein Umfeld des gegenseitigen Respekts und der Akzeptanz, fördert kritisches Denken und Problemlösefähigkeit und entwickelt soziale Kompetenzen. Projekte, bei denen die Kinder zusammenarbeiten müssen, dienen dem gegenseitigen Kennenlernen und helfen, kulturelle Unterschiede zu erkunden.

Beziehen Sie unbedingt die Eltern in die Arbeit ein. Informationsveranstaltungen, Elternabende, interkulturelle Feste und Elternnetzwerke fördern die Zusammenarbeit und das gegenseitige Verständnis.

J

Jobbeschreibung

159. Gibt es eine Tätigkeitsbeschreibung für Betreuungskräfte?

Eine fundierte Qualifizierung der pädagogischen Mitarbeiter ist wichtig, um einen hochwertigen und abwechslungsreichen Ganztag zu gestalten. Denn die Fachkräfte übernehmen wichtige und anspruchsvolle Aufgaben bei der Gestaltung des Ganztags für die Schulkinder.

Es gibt verschiedene Fort- und Weiterbildungen und Berufsabschlüsse, die Personen für die Arbeit in der Ganztagsbetreuung für Schulkinder qualifizieren. Fragen Sie bei Ihrem Träger nach, ob für die Schulkindbetreuung eine Jobbeschreibung erstellt wurde. Sie bietet für alle Beteiligten eine wichtige Grundlage, was und wo und vor allem wie in der Betreuung gemacht bzw. nicht gemacht werden soll. Im Konfliktfall können Sie sich auf diese berufen. Sollte es keine Tätigkeitsbeschreibung geben, überlegen Sie mit Ihrer Teamleitung/Ihrem zuständigen Ansprechpartner, ob es nicht ein Qualitätsmerkmal für die Betreuung wäre, eine zu erstellen. Ideen zu Inhalten einer solchen Beschreibung finden Sie in der nächsten Frage.

Ergänzende Information Die elektronische Version dieses Kapitels enthält Zusatzmaterial, auf das über folgenden Link zugegriffen werden kann [https://doi.org/10.1007/978-3-658-50731-2_10].

160. Was zeichnet die Tätigkeit als Ganztagsbetreuer aus?

Pädagogische Fachkräfte in der Ganztagsbetreuung begleiten die Kinder individuell und unterstützen sie in ihrer sozialen und persönlichen Entwicklung.

Soziale Kompetenzen werden durch Aktivitäten und Projekte gefördert, die auf die Bedürfnisse und Interessen der Kinder abgestimmt sind. Darüber hinaus bieten Sie Hilfestellungen bei Herausforderungen und schaffen eine wertschätzende Atmosphäre, in der sich jedes Kind entsprechend seinen Fähigkeiten entfalten kann. Individuelle Unterstützung, die Vermittlung effektiver Lernstrategien und die Förderung von Sozialkompetenzen sind im Rahmen der Begleitung von Lernprozessen Teil der pädagogischen Arbeit im Ganztag. Der enge Austausch mit Lehrkräften und Erziehungsberechtigten nimmt einen weiteren wichtigen Teil der Arbeit ein.

Dabei stehen die pädagogischen Mitarbeiter in engem Austausch mit den Lehrkräften, um über die individuelle Entwicklung der Kinder zu sprechen. Außerdem nehmen sie an schulinternen Besprechungen und Weiterbildungen teil, um die pädagogische Qualität stetig zu verbessern.

Ihr qualitativer Auftrag als Betreuungskraft geht weit über die reine Betreuung an sich hinaus. Der Bildungs- und Erziehungsauftrag in Zusammenarbeit mit den Eltern und der Schule rückt immer mehr in den Vordergrund. Die Ganztagsbetreuung unterstützt die individuellen Bildungsziele der Kinder und bietet einen Rahmen das Erlernte zu vertiefen, weiterzuentwickeln und anzuwenden. Sie als Betreuungskraft leisten einen entscheidenden Beitrag zur Entwicklung der Kinder, wobei sechs Bereiche im Fokus ihres Handelns stehen:

- die sozial-emotionale Entwicklung
- Kommunikation und Sprache
- Wahrnehmung
- Motorik
- Selbstständigkeit und Eigenverantwortung
- Lern- und Arbeitsverhalten.

Kinderrechte

161. Welche Rechte haben Kinder?

In Deutschland gibt es neben den gesetzlichen Bestimmungen auf Bundes-, Landes- oder kommunaler Ebene eine Reihe von politischen Aktivitäten, die die Bedeutung von Jugendpolitik und Jugendbeteiligung in der digitalen Gesellschaft konkret zum Ausdruck bringen.

Neben der UN-Kinderrechtskonvention ist noch die UN-Menschenrechtskonvention zu nennen, in der das Recht auf Partizipation definiert ist, aber auch die Sustainable Development Goals der Vereinten Nationen sowie die verschiedenen Bekenntnisse zu Kinderrechten auf internationaler und nationaler Ebene. Auf Bundesebene beschreiben darüber hinaus der Kinder- und Jugendplan des Bundes sowie der Kinder- und Jugendbericht relevante Grundlagen (Vgl. Jugend.beteiligen.jetzt).

Der Weg zur Durchsetzung der berechtigten Interessen der jungen Generation führt über eine Stärkung der Rechte von Kindern und Jugendlichen. Hier hat sich

---

Ergänzende Information Die elektronische Version dieses Kapitels enthält Zusatzmaterial, auf das über folgenden Link zugegriffen werden kann [https://doi.org/10.1007/978-3-658-50731-2_11].

A.-M. Wistuba, N. Pflüger, *ABC der Schulkindbetreuung*, https://doi.org/10.1007/978-3-658-50731-2_11

durch die „Konvention über die Rechte des Kindes" der Vereinten Nationen, die auch von der Bundesregierung ratifiziert wurde, eine neue Ausgangslage ergeben. In dieser werden zum ersten Mal in der Geschichte die gleichberechtigten Ansprüche der jungen Generation formuliert. Es wird dabei von vier Grundprinzipien ausgegangen:

a) *Dem Anspruch auf persönliche Entwicklung:* Durch eine kindgerechte Grundversorgung mit sozialen Diensten soll die individuelle Entfaltung garantiert werden.
b) *Dem Prinzip der Gleichbehandlung:* Kein Kind darf aus Gründen des Geschlechts, aufgrund von Behinderungen, wegen der Staatsbürgerschaft oder der Abstammung benachteiligt werden.
c) *Dem Prinzip des besten Interesses des Kindes:* Bei politischen und gesellschaftlichen Entscheidungen müssen die Belange und Bedürfnisse des Kindes vorrangig berücksichtigt werden.
d) *Der Achtung vor der Meinung des Kindes:* Jedes Kind soll seine Meinung frei äußern dürfen, Gehör finden und seinem Alter entsprechend auch auf Entscheidungen Einfluss nehmen können.

Durch diese Konvention werden Kinder und Jugendliche als Menschen mit eigenen Rechten, Wünschen und Bedürfnissen anerkannt – eine Anerkennung, die inhaltlich über die Festlegung im Grundgesetz der Bundesrepublik Deutschland hinausgeht. Kinder und Jugendliche werden als Menschen betrachtet, die sich in einem besonderen Lebensabschnitt befinden, deswegen eine spezielle Schutzbedürftigkeit aufweisen, denen zugleich aber altersangemessene Beteiligungs- und Mitbestimmungsmöglichkeiten garantiert werden sollen. Die Konvention hilft, Kindern und Jugendlichen die gleichen Rechte wie Erwachsenen dort einzuräumen, wo es von ihrer Entwicklung her angemessen ist. Kinder werden nicht länger als schwach, passiv und unvernünftig eingestuft, sondern als vernünftig, motiviert und bewusst handelnd auf der Stufe der Entwicklung, die sie erreicht haben.

162. Was ist die UN-Kinderrechtskonvention?

Die UN-Kinderrechtskonvention wurde am 20. November 1989 verabschiedet und von allen Mitgliedstaaten der Vereinten Nationen unterzeichnet (Ausnahme: USA). Deutschland gehört zu den Unterzeichnern der UN-Kinderrechtskonvention (UNKRK), die am 05. April 1992 in Kraft trat und hat sich damit dazu entschieden, diese in nationales Recht zu übersetzen. In Artikel 12 Absatz 1 schreibt die

Konvention das Recht auf die Partizipation junger Menschen unter 18 Jahren am politischen Dialog folgendermaßen fest:

- Artikel 12 Absatz 1 Berücksichtigung des Kindeswillens: „Die Vertragsstaaten sichern dem Kind, das fähig ist, sich eine eigene Meinung zu bilden, das Recht zu, diese Meinung in allen das Kind berührenden Angelegenheiten frei zu äußern, und berücksichtigen die Meinung des Kindes angemessen und entsprechend seinem Alter und seiner Reife."
- Ergänzend Artikel 29 Absatz 1d): die Bildung des Kindes soll darauf gerichtet sein, „das Kind auf ein verantwortungsbewusstes Leben in freier Gesellschaft… vorzubereiten".
- Deutschland hat sich mit der Ratifizierung der UNKRK dazu verpflichtet, diese Rechte von Kindern und Jugendlichen zu verwirklichen (Bundestag 9 34).

163. Welche Problematik bringt die Gesetzeslage mit sich?

Die Kinderrechte unterliegen in Deutschland keinerlei Gesetzgebung und keiner zuständigen Instanz, es handelt sich somit lediglich um Empfehlungen, womit der Begriff des Rechtes seiner eigentlichen Bedeutung nicht gerecht wird. Der Partizipation von Kindern liegen keine Rechtsvorschriften zugrunde, dies bedeutet, dass die Kinderrechte trotzdem dem Elternrecht unterliegen. Aus den Kinderrechten folgt kein umfassender Anspruch von Kindern und Jugendlichen, an allen sie betreffenden Angelegenheiten in einer von ihnen selbst gewählten Form beteiligt zu werden. Die Beteiligungsanlässe und -formen werden vielmehr gesetzlich geregelt, und zwar unter Berücksichtigung des Elternrechts (Richter 2007: 87).

Die Rechte von Kindern müssen noch öfter bei Entscheidungen in der Politik oder Rechtsprechung Berücksichtigung finden, was bedeutet, dass die Kinder von Bund, Ländern und Kommunen mehr in den Fokus gerückt werden müssen. Die Kinderrechte und die damit verbundene Partizipation erfordern ein gewisses Maß an Verantwortung seitens der Kinder, aber auch ein Abgeben der Verantwortung seitens der Erwachsenen. Es ist eine Grundüberzeugung der Gesellschaft nötig, eine umfassende Überzeugung, dass auch Kinder über Kompetenzen verfügen. Die Partizipation von Kindern ist (noch) nicht in der Gesellschaft verankert und die Beteiligung der Kinder an der Demokratie erfordert, dass sie als eigenständige Persönlichkeiten wahrgenommen werden und damit die Kinderrechte eine ebensolche Bedeutsamkeit und Rechtsgrundlage erhalten wie das Grundgesetz.

Kindeswohlgefährdung

164. Was bedeutet Kindeswohlgefährdung?

Eine Kindeswohlgefährdung ist eine erhebliche Schädigung des kindlichen Wohls durch Vernachlässigung, Misshandlung, Missbrauch, Entwürdigung, Unterlassung oder Freiheitsentzug mit der Folge von Gesundheits- und oder Lebensgefahren. Dabei lassen sich vier Bereiche unterscheiden:

- Körperliche und seelische Misshandlung
- Vernachlässigung
- Sexueller Missbrauch
- Erleben von häuslicher Gewalt.

Zu den körperliche Gewaltanwendungen gehören Punkte wie Prügel, Schläge mit Gegenständen, Treten, Kneifen, Verbrennen, Verbrühen, Vergiften/Betäuben, Würgen, Schütteln, Untertauchen, oder das Schütteln von Babys und Kleinkindern.

Eine seelische Misshandlung kann vorliegen, wenn die Eltern durch Haltungen oder Verhalten, das Kind herabsetzen, es verachten, ihm Angst machen, es isolieren, ihm vermitteln, es sei wertlos, ungeliebt, fehlerhaft und schlecht.

Auch ein überbehütetes Verhalten gehört hier dazu, durch welches das Kind in seinem Leben und Lernen massiv eingeschränkt wird, durch nicht erlauben (z. B. sich mit Freunden zu treffen, mit dem Rad zu fahren) oder durch Verbote (z. B. einem Verein beizutreten).

Eine dritte Form seelischer Misshandlung ist die sogenannte Parentifizierung. Hier werden Kinder zu „parents", also zu Eltern gemacht. Es wird ihnen eine Verantwortung übertragen, die ihrer Rolle nicht gemäß ist (z. B. immer selbst einkaufen und kochen müssen und/oder regelmäßig auf kleinere Geschwister aufpassen, z. B. wenn der sieben Jährige Dennis auf seine dreijährige Schwester Marie aufpassen soll).

Bei der Vernachlässigung (des körperlichen Kindeswohls) geht es beispielsweise um folgende Punkte: Mangel an Ernährung, Pflege und Kleidung, Mangel an Gesundheitsfürsorge und Unterlassen ärztlicher Behandlung, Mangel an Schutz vor Risiken und Gefahren oder Mangel an Beaufsichtigung und Zuwendung.

Unter Vernachlässigung (des seelischen Kindeswohls) werden hingegen folgende Punkte zusammengefasst: Eine unzureichende oder ständig wechselnde und somit nicht verlässliche, tragfähige emotionale Beziehung zum Kind, ein Mangel an Aufmerksamkeit und emotionaler Zuwendung, ein Nichteingehen auf die Bedürfnisse des Kindes oder das Unterlassen einer altersangemessenen Erziehung.

Bei der Vernachlässigung (der geistigen Entwicklung) geht es schließlich um folgende Punkte: Ein Mangel an Entwicklungsimpulsen und schulischer Förderung und insbesondere das Desinteresse der Eltern an Hausaufgaben und Lernen oder gar an einem regelmäßigen Schulbesuch des Kindes.

Unter sexuellen Missbrauch fallen sexuelle Handlungen vor oder an Kindern, gegen die sich das Kind aufgrund seiner Unterlegenheit im körperlichen, psychischen, kognitiven oder sprachlichen Bereich nicht (ausreichend) wehren kann. Der Täter nutzt die eigene Überlegenheit oder seine Macht- und Autoritätsposition aus, um eigene Bedürfnisse zu befriedigen (Vgl. Bange und Deegener, 1996).

Das Erleben von häuslicher Gewalt ist das Miterleben des Kindes von physischer oder psychischer Gewalt innerhalb der Familie (auch unter den Eltern): z. B. psychische Gewalt durch eine permanente Bedrohung des Partners, durch Erniedrigungen, Einsperren oder Kontaktverbote, das massive Ausüben von Druck oder das Miterleben des Kindes von sexueller Gewalt unter den Partnern, wie das Miterleben von Vergewaltigungen oder einer abwertenden sexualisierten Sprache einem Partner gegenüber. Das Kind erlebt massive Angst in und vor den häuslichen Gewaltsituationen, wird gegebenenfalls traumatisiert und entwickelt häufig Schuldgefühle, übernimmt Verantwortung für einen Elternteil oder erlebt Ambivalenzen in den Gefühlen zu den Eltern.

165. Was mache ich in einem Verdachtsfall?

Den Vorfall schriftlich formulieren, da eine Dokumentation unbedingt notwendig ist. Den Anfangsverdacht notieren, mit Datum und möglicher Erklärung. Mit Hilfe eines Kollegen, der Teamleitung und/oder der Klassenleitung kann dabei gemeinsam zwischen Beobachtung und Bewertung unterschieden werden. Geben Sie den Fall an die Teamleitung, die Klassenleitung bzw. an den zuständigen Ansprechpartner in der Gemeinde ab.

Diese Stelle ist dann für das weitere Vorgehen verantwortlich, und muss:

- gewichtige Anhaltspunkte für ein Gefährdung beobachten, erkennen und dokumentieren
- Information an die Leitung der Einrichtung bzw. des Dienstes weitergeben
- eine „insoweit erfahrene Fachkraft" (InsoFa) hinzuziehen
- das Gefährdungsrisiko unter Berücksichtigung von Risikofaktoren und Ressourcen der Familie einschätzen

- einen Schutzplan erstellen
- Personensorgeberechtigte, Kinder und Jugendliche (soweit hierdurch der Schutz nicht infrage gestellt wird, sprich die Situation noch verschlimmert wird) einbeziehen
- auf die Inanspruchnahme von Hilfen hinwirken
- Informationen an das Jugendamt weitergeben, falls die geleisteten Hilfen nicht ausreichen.

166. Wer sind meine Ansprechpartner?

Erste Ansprechpartner vor Ort sind immer die Teamleitungen, die Klassenlehrer, die Schulleitung und der Träger. Ratschläge und Hilfen zur Einschätzung des Kindeswohls erhalten Sie auch telefonisch, z. B. beim Kinderschutzbund, Kinderschutzdienst (Diakonie), der Kinderschutzhotline (Bundesministerium) oder dem örtlichen Jugendamt (auch anonym möglich). Erkundigen Sie sich in jedem Fall im Vorfeld schon nach der für Sie zuständigen Sachbearbeitung im Jugendamt und recherchieren Sie die Kontaktdaten des Krisen-Teams.

167. Was passiert, wenn eine Meldung beim Jugendamt gemacht wird?

Geht beim Jugendamt eine Meldung ein, so regelt das Achte Sozialgesetzbuch (SGB VIII) das weitere Vorgehen (§ 8a SGB VIII). Dort heißt es in Abschnitt 1: „Werden dem Jugendamt gewichtige Anhaltspunkte für die Gefährdung des Wohls eines Kindes oder Jugendlichen bekannt, so hat es das Gefährdungsrisiko im Zusammenwirken mehrerer Fachkräfte einzuschätzen. Soweit der wirksame Schutz dieses Kindes oder dieses Jugendlichen nicht infrage gestellt wird, hat das Jugendamt die Erziehungsberechtigten sowie das Kind oder den Jugendlichen in die Gefährdungseinschätzung einzubeziehen und, sofern dies nach fachlicher Einschätzung erforderlich ist, sich dabei einen unmittelbaren Eindruck von dem Kind und von seiner persönlichen Umgebung zu verschaffen. Hält das Jugendamt zur Abwendung der Gefährdung die Gewährung von Hilfen für geeignet und notwendig, so hat es diese den Erziehungsberechtigten anzubieten".

Das heißt, das Jugendamt überprüft und entscheidet dann, ob eine Kindeswohlgefährdung vorliegt. Sollte dies der Fall sein, so werden den Erziehungsberechtigten Hilfen angeboten, diese abzuwenden, z. B. durch Sozialpädagogische Familienhilfe (SPFH) oder einen Erziehungsbeistand für das/die Kind/er. Sollten die

Erziehungsberechtigten hier nicht mitwirken, oder eine Hilfe ablehnen, greift Absatz 2: „Hält das Jugendamt das Tätigwerden des Familiengerichts für erforderlich, so hat es das Gericht anzurufen; dies gilt auch, wenn die Erziehungsberechtigten nicht bereit oder in der Lage sind, bei der Abschätzung des Gefährdungsrisikos mitzuwirken. Besteht eine dringende Gefahr und kann die Entscheidung des Gerichts nicht abgewartet werden, so ist das Jugendamt verpflichtet, das Kind oder den Jugendlichen in Obhut zu nehmen".

Geregelt durch Absatz 3: „Soweit zur Abwendung der Gefährdung das Tätigwerden anderer Leistungsträger, der Einrichtungen der Gesundheitshilfe oder der Polizei notwendig ist, hat das Jugendamt auf die Inanspruchnahme durch die Erziehungsberechtigten hinzuwirken. Ist ein sofortiges Tätigwerden erforderlich und wirken die Personensorgeberechtigten oder die Erziehungsberechtigten nicht mit, so schaltet das Jugendamt die anderen zur Abwendung der Gefährdung zuständigen Stellen selbst ein".

168. Wie muss ich dann mit der Schweigepflicht umgehen?

Im (Verdachts-)Fall einer Kindeswohlgefährdung kann das Thema Schweigepflicht vernachlässigt werden, da der Schutz des Kindes höher und gewichtiger einzuschätzen ist.

Kommunikation

169. Was bedeutet Kommunikation?

Unter Kommunikation wird der Austausch von Informationen zwischen mindesten zwei Personen verstanden. Es gibt drei Arten von Kommunikation: verbale Kommunikation (das gesprochene/geschriebene Wort), nonverbale Kommunikation (Mimik, Gestik, Körpersprache) und paraverbale Kommunikation (Tonfall, Lautstärke, Sprachtempo).

170. Wie können uns Kommunikationsmodelle bei der täglichen Arbeit helfen?

Das Ziel von Kommunikationsmodellen ist es, menschliche Kommunikation zu erklären, zu verstehen und mögliche Störungen aufzudecken.

Verschiedene Kommunikationsmodelle beschreiben und erklären, wie Kommunikation funktioniert bzw. nicht oder schlechter funktioniert und bieten unterschiedliche Perspektiven auf den Kommunikationsprozess. Sie sollen uns helfen, unsere Kommunikation und das zwischenmenschliche Miteinander zu verbessern, auf mögliche Stolpersteine hinweisen und Lösungsmöglichkeiten anbieten, wenn es in schwierigen Gesprächen nicht weiter zu gehen scheint (siehe dazu auch Frage 1 zum Aktiven Zuhören oder Frage 321 zum Vier-Ohren-Modell).

Konflikte

171. Was ist ein Konflikt – wie werden Konflikte definiert?

Das Wort Konflikt hat einen lateinischen Begriffsursprung, „confligere", was so viel bedeutet wie zusammenstoßen, aufeinanderstoßen oder aneinandergeraten. Ein Konflikt entsteht dabei in der Interaktion zwischen Akteuren, sprich Individuen, Gruppen, Schulklassen, Organisationen usw. Dabei hat mindestens ein Akteur eine Unvereinbarkeit im Denken, Vorstellen, Wahrnehmen und/oder Fühlen und/oder Wollen mit einem anderen Akteur. Diese Unvereinbarkeit wird in der Art erlebt, dass im eigenen Realisieren eine Beeinträchtigung erfolgt. Man kann also nicht das machen oder sagen, was man möchte, da die andere Partei dies verhindert, oder zu verhindern versucht.

172. Was sind Auslöser und Ursachen von Konflikten?

Auslöser und Ursachen von Konflikten gibt sehr viele. Die meisten lassen sich einer dieser Kategorien zuordnen:

- Individuelle Wahrnehmungsunterschiede – ein und dieselbe Sache wird unterschiedlich wahrgenommen
- Rollenkonflikte – ein Mensch übernimmt verschiedene Rollen (z. B. Ehemann, Vater, Kollege) und interpretiert diese Rollen unterschiedlich, bzw. nicht so, wie es der andere für angemessen oder richtig erwartet
- Abhängigkeit von gleichen Ressourcen – Bsp.: Zwei Schüler streiten, wer das Sportgerät nutzen darf
- Ungleichgewicht zwischen zwei Personen – Hierarchiekonflikt, z. B. zwischen Schulleiter und Lehrer

- Dominanz einer Person – Bsp.: Ein Kind möchte immer der „Bestimmer" sein und die Regeln für alle anderen festlegen
- Konkurrierende Ziele, Interessen, Einstellungen – die Konfliktparteien haben unterschiedliche oder gar entgegengesetzte Ziele
- Verletzung des Territoriums – Bsp.: Ein Lehrer nutzt mit seiner Lerngruppe den Raum der Betreuung, da er um 11 Uhr gerade frei war
- Unfaire Behandlung – Bsp.: Ein Kind fühlt sich vom anderen Kind unfair behandelt.

173. Wie kann ich Konflikte erkennen?

Konflikte lassen sich an zahlreichem Verhalten erkennen. Ein zentraler Aspekt kann dabei die Unterscheidung zwischen sogenannten „heißen" und „kalten" Konflikten sein.

Sogenannte heiße Konflikte lassen sich gut und schnell von außen beobachten und erkennen, zu ihnen gehören z. B.:

- eine gereizte Gesprächsatmosphäre
- offene Aggressivität und Feindseligkeit
- Formalismus – Dienst nach Vorschrift, Paragraphenreiterei
- Fixierung und Uneinsichtigkeit, eine Partei bleibt stur bei ihrer Meinung
- Rechthaberisches Verhalten, „damit hab ich nichts zu tun Haltung"
- Ausweichen und Verleugnen, „ich habe gar nichts gemacht"
- Ablehnung und Widerstand – ständiges Widersprechen oder mürrische Reaktionen.

Sogenannte kalte Konflikte lassen sich nicht gut und schnell von außen beobachten und erkennen, hier muss man oft über einen längeren Zeitraum beobachten. Zu ihnen gehören z. B.:

- „Innere Kündigung" – Teilnahmslosigkeit, fehlendes Engagement, Resignation
- Überkonformität – Überfreundlichkeit, völlige Kritikvermeidung
- Hohe Fehlzeiten
- Erhöhte Fluktuation
- Ineffizientes Arbeiten
- Krankheit und Suchtverhalten
- Mangel an Innovationskraft.

174. Welche Konfliktlösungsstrategien gibt es?

Mit Konflikten kann ganz unterschiedlich umgegangen werden. Insgesamt lassen sich sechs Strategien zusammenfassen:

- Flucht vor dem Konflikt (Vermeidungsstrategie)
- Dem Gegner anpassen (Unterwerfungsstrategie)
- „Siegen" (Gewinner-Verlierer-Strategie)
- Entscheidungsinstanzen suchen (Delegationsstrategie)
- Schneller Kompromiss (Zugeständnisstrategie)
- Lösungen suchen (Kooperationsstrategie).

175. Wie kann ein Konflikt bestmöglich bewältigt werden?

Für eine gute Konfliktbewältigung werden vier grundlegende Fähigkeiten benötigt:

- Konflikte erkennen und analysieren können (und wollen)
- Negative Konflikte vermeiden können (und wollen)
- Positive Konflikte ertragen können (und wollen)
- Konflikte lösen und überwinden können (und wollen).

176. Welche Tipps gibt es für ein Konfliktgespräch?

Ein Konfliktgespräch sollte gut vorbereitet werden. Eine zentrale Frage spielt dabei, wer zum Gespräch eingeladen werden soll. Des Weiteren gilt es zu überlegen, mit welchen (unterschiedlichen) Erwartungen, Befürchtungen, Bedürfnissen und Zielen die einzelnen Personen kommen. Wie sehen dabei meine Positionen aus und welche Rolle habe ich in dem Gespräch?

Im Gespräch selbst können folgende Aspekte helfen:

- Schaffen Sie günstige Rahmenbedingungen (Ort, Zeit, Verpflegung)
- Bedanken Sie sich für das Erscheinen der einzelnen Personen
- Sprechen Sie das Problem an
- Beschreiben Sie die Gründe für Ihre Wünsche und Gefühle (wenn Sie Teil des Konflikts sind) oder lassen Sie diese beschreiben (wenn Sie in der Rolle des Moderators oder Vermittlers tätig sind)

- Nennen Sie die Ziele des Gesprächs
- Analysieren Sie den Konflikt gemeinsam
- Suchen Sie gemeinsam nach einer Lösung
- Einigen Sie sich auf die beste Lösung
- Vereinbaren Sie, dass diese Lösung in der Praxis überprüft und gegebenenfalls nach Rücksprache angepasst wird
- Bedanken Sie sich für die Mitarbeit und Zeit der einzelnen Personen.

177. Welche Methoden können in einem Konfliktgespräch eingesetzt werden?

In einem Konfliktgespräch können zahlreiche Methoden und Konzepte der Kommunikationswissenschaft eingesetzt werden:

- Aktives Zuhören
- Gezieltes Fragen (offene/geschlossene Fragen)
- Non-direktive Technik
- Zusammenfassen
- Interpretieren
- Übertreiben
- Gefühle verbalisieren
- Vorschläge einholen und einbringen
- Schweigen und Pausen integrieren und aushalten
- Ich-Botschaften nutzen
- Gezielt provozieren
- Metakommunikation
- Vertagen mit klaren Vereinbarungen.

178. Wie lassen sich Konflikte vermeiden?

Durch eine offene und freundliche Atmosphäre lassen sich viele schwierige Situationen im Vorfeld lösen. Fühlen sich die Kinder gesehen und wertgeschätzt, kann auch mal eine schwierigere Situation oder Phase besser überstanden werden. Diese Wertschätzung lässt sich unter anderem durch folgende Punkte erreichen:

- Kooperative Kommunikation und Information betreiben – z. B. durch Erklärungen, warum was wie und wann gemacht wird

- Positive Grundstimmung schaffen – z. B. durch Anerkennung der Bedürfnisse der Kinder
- Eine gute und offene Feedback-Kultur sorgt für Wertschätzung und Transparenz
- Eigene Wünsche wahrnehmen und äußern und dies auch den Schülern ermöglichen
- Ziele setzen und Anreize entwickeln, was haben die Kinder davon?
- Flexibel sein
- Möglichkeiten zur Konfliktlösung anbieten (Entscheider, Schiedsrichter, Berater)
- Gemeinsames Erleben ermöglichen (z. B. durch Ausflüge, Picknick, Ferienangebote, Ausstellung von Kunstwerken, Tag der offenen Tür, Theateraufführungen, Fußballturniere)
- Sprechen, sprechen, sprechen
- Klare Abläufe und Regeln aufstellen und einhalten
- Anliegen der Kinder ernst nehmen
- Viel und oft zuhören.

179. Warum können Konflikte auch als Chance angesehen werden?

Konflikte müssen nicht grundsätzlich komplett negativ gesehen werden und müssen deshalb auch nicht grundsätzlich und gänzlich in der Schule vermieden werden.

Konflikte können auch eine Chance sein, indem sie folgende Aufgaben übernehmen:

- Stimulieren von neuen Ideen und das Wecken von Interesse an einer Sache
- Erhöhen der Gruppenkohäsion, sprich die Gruppe oder Klasse hält plötzlich stärker zusammen, da sie für ein gemeinsames Ziel einstehen
- Hinführung zur besseren Selbstwahrnehmung von Individuen, die Schüler machen sich Gedanken, was ihnen wichtig ist und wofür sie einstehen möchten (z. B. einen Ruheraum oder mehr Fahrzeuge für den Pausenhof)
- Hinführung zum Abbau von Spannungen und Schaffung klarer Verhältnisse, z. B. es gibt klar festgelegte Regeln für die Mensa oder für die Hausaufgabenzeit
- Darstellung der Voraussetzung für organisatorischen Wandel, Verbesserungspotenziale werden erkannt und es kommt zur Weiterentwicklung (z. B. Konzept, pädagogischen Leitbild, Unterlagen für die Eltern)
- Hinführung zur Entwicklung neuer Energien und Aktivitäten, Mitarbeiter und Schüler erleben, dass sie Einfluss nehmen und etwas verändern können.

180. Wie können Konflikte unter Kinder geregelt, ein Streit geklärt werden?

Bei Konfliktsituationen im pädagogischen Alltag, wo für zeitaufwendige Klärungs-gespräche, Supervision oder Mediation wenig Zeit bleibt, bietet sich das gezielte Fragen mit den „3 W-Fragen" an.

a) Wahrnehmung: Hier geht es darum das Verhalten zu benennen und die Be-teiligten die Situation jeweils aus ihrer Sicht beschreiben zu lassen. Dabei soll konkret das störende Verhalten benannt werden.
b) Wirkung: Bei diesem Punkt geht es darum, welche Gefühle das Verhalten aus-gelöst hat und wie es den Beteiligten damit geht.
c) Wunsch: Zum Schluss sollen (erfüllbare) Wünsche für die Zukunft formuliert werden. Diese müssen nicht zwangsläufig kontrolliert werden und können am Gesprächsende in ihrer Form stehen gelassen werden.

Kontaktbildung

181. Was bedeutet Kontaktbildung?

Kontakt bedeutet, beziehungsfähig gegenüber Kindern und Jugendlichen zu sein und gleichzeitig auf deren aber auch die eigenen Grenzen zu achten. Gerade Kon-takt hilft bei den heutigen Herausforderungen pädagogischen Handelns, um bes-sere Ergebnisse in der pädagogischen Arbeit erzielen zu können. Positive soziale Beziehungen in der Schule gelten als wichtige Ressourcen in Bezug auf das Wohl-befinden, das Alter und die physische und psychische Gesundheit. Im Rahmen der Ganztagsbetreuung gewinnt das Miteinander an den Schulen an Bedeutung, ver-bringen die Kinder dadurch einfach eine sehr lange Zeit des Tages gemeinsam. Die Kinder sind bereits im Unterricht, in den Pausen, beim kooperativen Lernen, in Arbeitsgemeinschaften und beim Mittagessen zusammen. Sie begegnen sich dabei in unterschiedlichen Gruppierungen und zu verschiedenen Anlässen: zum Arbei-ten, zum Entspannen, zum Kommunizieren, zum Spielen. Die Ganztagsbetreuung, als Verlängerung der gemeinsamen Zeit, wird damit zum zentralen Ort sozialen Lernens für die Schüler.

182. Was sind soziale Kontakte?

Soziale Kontakte beziehen sich auf die Interaktionen und Beziehungen zwischen Menschen. Sie umfassen den Austausch von Informationen, Emotionen und Ressourcen durch Gespräche, Treffen, gemeinsame Aktivitäten und andere Formen der Kommunikation.

Unser Wohlbefinden, Gefühle wie Zufriedenheit, Glück oder innere Ruhe, werden von verschiedenen Faktoren beeinflusst, wie unter anderem auch durch soziale Beziehungen. Freundschaften zwischen Personen, die auf Vertrauen, gegenseitiger Unterstützung, Sympathie und gemeinsamen Interessen basieren, bieten eine emotionale Unterstützung, Gesellschaft, Spaß und die Möglichkeit zum Austausch von Gedanken, Erfahrungen und Ressourcen.

Konzept

183. Unsere Betreuung hat keine Konzeption, was kann ich mir unter einer Konzeption vorstellen?

In einer Konzeption werden alle zentralen Grundlagen über die pädagogische Arbeit in der Betreuung, die grundlegenden Prinzipien und Strukturen beschrieben. Sie dient somit als wichtige Orientierungshilfe für die Mitarbeiter, Lehrer, aber auch für die Eltern und das übrige Personal, insbesondere im Rahmen der Gestaltung von Betreuungs- und Förderangeboten. Zu den wichtigsten Punkten, welche eine pädagogische Konzeption erfüllen muss, zählen neben der Definition von Werten, Zielen und Methoden der Einrichtung und der Bereitstellung verlässlicher Betreuungsangebote, vor allem die Berücksichtigung heterogener Lerngruppen, die Transparenz der institutionellen Arbeit und die Qualitätskontrolle und Weiterentwicklung.

Zu den zentralen Kapiteln gehören hier eine Beschreibung der Ausgangssituation, an und mit welchen Zielen in der Betreuung gearbeitet wird, welche Maßnahmen zur Zielerreichung ergriffen werden, welche Räumlichkeiten zur Verfügung stehen, und welches Personal eingesetzt wird.

Eine umfangreiche und präzise Konzeption bietet somit die Grundlage für die Qualitätsmerkmale der Betreuung, indem sie Ziele, Mindestanforderungen und den Personalschlüssel verbindlich darlegt. Somit kann sie bei eventuellen Abweichungen gut als Argumentationshilfe genutzt werden, um Missstände beim Träger anzusprechen und zu beseitigen. Zudem kann sie bei falschen Erwartungshaltungen (z. B. im Rahmen der Hausaufgaben) von Lehrern und Eltern herangezogen werden.

184. Wer kann eine solche Konzeption erstellen?

Eine Grundlage, ein Entwurf, kann natürlich von den Betreuungskräften selbst und ihrer Teamleitung in Zusammenarbeit mit der Schule oder der Schulsozialarbeit erstellt werden. Da sie einen verbindlichen Charakter haben soll, muss sie dann mit dem Träger abgestimmt und finalisiert werden. Um ein gutes Konzept zu erarbeiten, ist eine intensive Planung unabdingbar. Damit jedes Teammitglied sich einbringen kann sind Teamtage oder Kleingruppenarbeit eine gute Möglichkeit, um Zeit zu finden die einzelnen Kapitel einer Konzeption zu erarbeiten. Auch Eltern und Kinder sollten einbezogen werden, so lernt man sich besser kennen, baut Vertrauen auf und legt den Grundstein für eine erfolgreiche Erziehungs- und Bildungspartnerschaft. Die Kinder können partizipieren, ihre Wünsche einbringen und ihre Bedürfnisse mitteilen. Ebenso können Lehrkräfte und Schulleitung in die Konzeptarbeit integriert werden, Anregungen äußern und sich aktiv an der Gestaltung der Konzeption beteiligen.

185. Wie wird die Konzeption veröffentlicht? Muss ich jeder Familie bei der Anmeldung einen Ausdruck mitgeben?

Viele Schulen veröffentlichen ihre Konzeption über die Homepage der Schule. Sie ist dann unter dem Menü-Punkt Betreuungsangebote/Ganztagsschule zu finden. Alternativ ist die Konzeption auch über die Homepage des Trägers einsehbar, da dieser oftmals eine Konzeption für mehrere Schulen veröffentlicht, welche dann für alle Schulen verbindlichen Charakter hat. Dort kann sie für interessierte Eltern als PDF heruntergeladen werden. Somit genügt es, die Eltern bei der Anmeldung zur Betreuung auf die vorhandene Konzeption hinzuweisen.

186. Was gehört alles in eine Konzeption?

Die Schulkindbetreuung ist ein Bildungsort, an dem Kinder bewusst in ihrer Entwicklung unterstützt und gefördert werden. Die Kinder sollen sich in der Einrichtung wohlfühlen und gerne kommen. Bildung wird als sozialer Prozess verstanden, an dem sich Kinder und Erwachsene aktiv beteiligen.

Auf Grundlage dieser Definition ergeben sich folgende Punkte für ein Konzeption:

- Titel des Konzeptes
- Einleitung
- Ausgangssituation
- Ziele
- Zielgruppe
- Pädagogisches Leitbild
- Umsetzung vor Ort (Mittagessen, Hausaufgaben, Partizipation, Angebote, freies Spiel, etc.)
- Ferienangebote
- Räumlichkeiten
- Zusammenarbeit mit Eltern, Schule, Träger, Kooperationspartnern
- Personal/Ehrenamtliche.

187. Muss ich die Punkte aus der Konzeption in meiner täglichen Arbeit umsetzen?

Unter Beachtung von Frage 183 zur Konzeption und nach Grundlagen der Definition: „Eine Konzeption beschreibt die Umsetzung eines Konzepts unter Einbeziehung gesetzlicher Vorgaben und gilt als verbindliche Basis für die Arbeit in einer Einrichtung" kann diese Frage schnell und einfach mit „ja" beantwortet werden.

188. Ist eine Konzeption verpflichtend?

Das Ziel einer Konzeption ist ein einheitliches und zielführendes Vorgehen in der Betreuung (siehe dazu auch die obenstehenden Fragen), auf welches sich Betreuer, Schüler und Eltern berufen und verlassen können. Aus diesem Grund sollte eine verfasste Konzeption für alle Beteiligten als verpflichtend angesehen werden.

Kooperation

189. Welche Kooperationspartner gibt es in der Schulkindbetreuung?

Je nach Gegebenheiten gibt es unterschiedlich viele Kooperationspartner. Als wichtigster und zentraler Partner ist sicherlich die Schule zu nennen. Als freier Träger im Rahmen der Betreuung steht man somit im Dreieck Träger-Schule-Gemeinde/Stadt. Weitere Kooperationspartner können z. B. Jugendamt, Schulsozialarbeit, Familienbüro, Kirchen, Jugendpfleger, Kinderschutzbund sein oder auch örtliche Vereine und Institutionen wie eine Jugendfarm, die Feuerwehr, Sportvereine, die Musikschule etc. Die Zusammenarbeit mit solchen Partnern kann, falls beispielsweise ein Raum- oder Personalmangel vorliegt, die Betreuungsarbeit erheblich erleichtern. Erkundigen Sie sich über die Möglichkeiten bei Ihnen vor Ort und nutzen Sie vorhandene Ressourcen. So werden auch die Kinder aktiv in ihrer Heimat eingebunden, können ihre Freizeit sinnvoll gestalten und soziale Kontakte knüpfen.

Kosten

190. Werden für die Betreuung Kosten von den Erziehungsberechtigten erhoben?

Für die Schulkindbetreuung kann der Träger einen Kostensatz erheben. Dieser liegt in seinem Ermessensspielraum und hängt mit verschiedenen Faktoren zusammen (z. B. Anzahl der Schüler, Anmieten von Räumlichkeiten, Mittagessen, Dauer der Betreuung, festgelegter Personalschlüssel).

191. Müssen Eltern immer das Gleiche bezahlen?

Die meisten Träger haben einen einkommensabhängigen Elternbeitrag gewählt. Alleinerziehende Elternteile bezahlen in der Regel einen geringeren Beitrag. Allgemein gilt, dass die Kosten sich nach den gebuchten Tagen und Zeiten berechnen und monatlich anfallen. Es gibt Träger, welche die Kosten so berechnen, dass im August (während der Ferienzeit) kein Beitrag erhoben wird.

Lärmpegel

192. Bei und ist es immer so laut, was können wir machen?

Besonders bei den Hausaufgaben ist leises Arbeiten von Vorteil. Aber auch beim Mittagessen ist es schön, wenn man sein eigenes Wort noch versteht. Spätestens, wenn sich Schüler wiederholt über einen zu großen Lärmpegel beschweren, sollte über Lösungsmöglichkeiten nachgedacht werden.

Bei den Hausaufgaben wäre sicher zu stellen, dass die Regeln der Stillarbeit bekannt sind und klar ist, was passiert, wenn sie wiederholt gebrochen werden. Häufig besteht das Problem auch darin, dass manche Kinder schon früher fertig sind und dann im Anschluss noch stillsitzen und warten müssen. Hier gilt es zu überlegen, ob es nicht doch eine Möglichkeit gibt, dass diese Kinder die Hausaufgabenzeit früher verlassen können. Oder, dass zumindest der Raum in verschiedene Bereiche aufgeteilt werden kann, beispielsweise abgetrennt durch Bücherregale.

Ein pädagogisch/spielerischer Ansatz wäre es, dass wenn es zu laut ist, eine Glocke/Klingel betätigt wird, welche daran erinnert, dass es zu laut ist. Die Lautstärke im Raum lässt sich z. B. auch als App auf dem Handy messen und man kann

Ergänzende Information Die elektronische Version dieses Kapitels enthält Zusatzmaterial, auf das über folgenden Link zugegriffen werden kann [https://doi.org/10.1007/978-3-658-50731-2_12].

einen Versuch oder „Wettkampf" veranstalten, welche Gruppe oder welcher Tag der leiseste ist oder es gibt eine Belohnung oder einen anderen Anreiz (z. B. früher raus gehen), wenn heute die Lautstärke von z. B. 70 dB nicht überschritten wird.

Leitbild

193. Was ist ein Leitbild?

Ein Leitbild legitimiert das kommunale Handeln von Stadt/Gemeinde/Kreis/Träger, es sorgt damit für Klarheit, Verbindlichkeit und Transparenz und bietet somit im Idealfall einen Wiedererkennungswert. Das heißt, dass z. B. in allen Schulen der Gemeinde nach dem gleichen Ansatz gearbeitet wird. Ein Leitbild soll als Wegweiser fungieren, die Richtung und die Ziele vorgeben und beschreiben, wie diese erreicht werden können.

194. Worauf legt der Träger besonderen Wert?

Ist ein Leitbild festgelegt, so legt der Träger Wert darauf, dass alle Mitarbeiter an einem Strang ziehen. Es bietet Orientierung und Verlässlichkeit, sowie die Ausrichtung für die zukünftige Entwicklung.

195. Welche Aspekte des Trägerleitbildes sind für die Betreuung relevant?

Relevant sind alle Aspekte, welche das konkrete Handeln und die Arbeitsweise der Betreuungskräfte betreffen. So kann z. B. in einem Leitbild verschriftlicht werden, was ein Förder- und Erziehungsauftrag in der Betreuung bedeutet und umfasst. Konkret geht es beispielsweise um Leitsätze wie „das Kind im Mittelpunkt", „familienfreundliche Gemeinde", „Kinder als Garant der Zukunft", „Familien und Eltern als Partner".

Lehrer

196. Warum sollte ich eng mit den Lehrkräften zusammenarbeiten?

Eine gute Zusammenarbeit mit der Schule macht den Betreuungsalltag an vielen Stellen einfacher und angenehmer. Es wird nicht nur im gleichen Gebäude gearbeitet, sondern auch mit den gleichen Schülern und Eltern. Eine gelungene Kooperation gibt es dann, wenn man sich gegenseitig kennt. Zu diesem Zweck können die Lehrkräfte mit Beginn eines neuen Schuljahrs eingeladen werden, sich die Betreuungssituation einmal im Live-Betrieb anzuschauen. Somit können diese auf Rückfragen seitens der Eltern besser antworten und sich auch ein Bild von den Kindern bei den Hausaufgaben und im Freispiel machen. Transparent und erfolgreich wird eine Zusammenarbeit auch dann, wenn Informationen ausgetauscht werden. Geben Sie z. B. Rückmeldung über Lernfortschritte von Schülern, Loben Sie die Lehrer für die richtige Menge an Hausaufgaben, berichten Sie der Klassenlehrerin, dass die Schüler ganz begeistert von der letzten Stunde/einem Projekt berichtet haben, dass die Lehrkraft ihr Lieblingslehrer ist etc.

Eine gute Möglichkeit, einmal tiefer ins Gespräch zu kommen, bietet sich auch an Wandertagen an. Besprechen Sie mit der Teamleitung (oder dem Träger), dass Sie die neuen Klassen immer am ersten Ausflugstag begleiten. Die Lehrer und Schüler freuen sich bestimmt.

197. Wann sollte ich ein Lehrergespräch führen?

Sobald Sie das Gefühl haben, einmal mit einem Lehrer ins Gespräch gehen zu wollen, sollten Sie dies auch tun. Tauschen Sie sich über einzelne Schüler bei Bedarf frühzeitig aus. Lieber einmal zu viel gesprochen, als einmal zu wenig. Sollte sich die Angelegenheit wieder verbessern oder auflösen, ist es auf jeden Fall besser sich im Vorhinein ausgetauscht zu haben, als dass der Lehrer keine Informationen erhält, was im Nachmittagsbereich geschehen ist. Denken Sie dabei unbedingt an die Schweigepflichtentbindung (siehe Frage 280).

198. Sind mir Lehrkräfte weisungsbefugt?

Nein, ein Lehrer kann ihnen keine Anweisungen geben, wie Sie ihre Arbeit zu verrichten haben. Die Schule hat das Hausrecht und kann (nach Rücksprache mit dem Träger) z. B. bestimmen, welche Räume wann genutzt werden dürfen, aber auch die Schulleitung ist Ihnen gegenüber nicht weisungsbefugt. Weisungsbefugt ist ihr Arbeitgeber mit den dort gegebenen Hierarchiestufen (z. B. Teamleitung, Personalleitung im Rathaus, Bürgermeister).

199. An wen wende ich mich, wenn ich Probleme mit Lehrkräften habe?

Zuerst kann mit einer guten Kollegin über das Thema gesprochen werden. Ein Austausch schafft oftmals ein genaueres Bild über die Situationen und ermöglicht weitere Blickwinkel. In einem zweiten Schritt kann die Teamleitung mit einbezogen werden, um gemeinsam zu überlegen, was als nächstes getan werden kann (siehe dazu auch Frage 177 zum Thema Konfliktmanagement).

200. Darf ich an Lehrerkonferenzen teilnehmen?

In der Regel ist es sehr sinnvoll, an Konferenzen der Schule teilzunehmen. Dort erhält man Informationen aus erster Hand und kann Auswirkungen auf den Nachmittagsbereich gemeinsam besprechen. Geht es bei der Konferenz um einzelne Schüler, so ist dies gegebenenfalls ebenso wichtig und hilfreich. Besprechen Sie die Möglichkeit und den Vorteil einer Teilnahme im Vorhinein mit dem Lehrer und gegebenenfalls mit den Eltern. Oft ist es auch ausreichend, wenn eine Betreuungskraft (Teamleitung oder wechselweise die Mitarbeiter) teilnimmt und anschließend die wichtigsten Informationen an die anderen Kollegen weitergibt.

201. Darf ich bei Krankheitsfällen in einer Klasse Vertretung machen?

Besprechen Sie im Vorfeld, was Ihre Teamleitung bzw. Ihr Träger von zusätzlichen Arbeitsstunden in diesen Fällen hält. Grundsätzlich müssen Sie sich selbst überlegen, ob Sie sich in der Lage fühlen, die Aufsicht übernehmen zu können. Dabei spielt auch eine Rolle, ob noch an einem Arbeitsauftrag gearbeitet werden soll (Einzelarbeit oder Gruppenarbeit der Schüler) oder ob es andere Erwartungen an den Inhalt der Stunde gibt. Eine klassische Vertretung der Schulstunde kann nur durch einen anderen Lehrer übernommen werden, Sie können nur eine Aufsicht gewährleisten.

202. Dürfen Lehrkräfte uns bei Bedarf im Ganztag unterstützen?

Innerhalb einer kooperativen Zusammenarbeit mit der Schule ist es immer hilfreich, wenn man sich gegenseitig unterstützen kann. Fällt z. B. einmal eine letzte Stunde wegen einer Dienstbesprechung aus, kann mit der Betreuung abgesprochen werden, dass diese schon eine Stunde früher übernimmt. Sind die Ganztagsbetreuer hingegen z. B. auf einer Fortbildung oder fallen wegen Krankheit aus, darf auch Schulpersonal die Aufsicht über die Schüler übernehmen.

203. Wer ist im Rahmen einer Ganztagsschule wofür zuständig und wem unterstellt?

Prinzipiell wird zwischen offenen und gebundenen Ganztagsschulen unterschieden. Während an offenen Ganztagsschulen das Betreuungsangebot freiwillig genutzt werden kann, sind Schüler in gebundenen Ganztagsschulen verpflichtet, an einer bestimmten Anzahl an Tagen an dem ganztägigen Angebot der Schule teilzunehmen. In der teilgebundenen Ganztagsschule ist diese Verpflichtung auf einzelne Klassen, Klassenstufen oder einzelne Tage beschränkt, sodass an anderen Tagen die Schule als offene Ganztagsschule organisiert ist. Somit ist immer die Schule selbst für die Angebote in der Ganztagsschule zuständig. Finanziert wird sie durch Bund und Land. Dabei entscheidet der Schulträger, welche Form an einer Schule angeboten werden soll. Für die zusätzlichen Betreuungsangebote ist die Kommune/Gemeinde/Stadt zuständig. Dem Schulträger steht es frei, diese Angebote mit anzubieten, d. h. falls zusätzlich zur eingerichteten Ganztagsschule eine Betreuung gewünscht wird, hat der Schulträger für die Organisation Sorge zu tragen. Somit gibt es auch in dieser Konstellation eine klare Trennung zwischen Schule und Unterricht (Lehrer) sowie der Betreuung (Betreuungskräfte), soll heißen, dass die Schule auch in diesem Fall den Betreuungskräften nicht weisungsbefugt ist.

Material

204. Wie komme ich an Material zum Spielen und Basteln?

Jede Schulkindbetreuung hat ein Budget für pädagogisches Material. Fragen Sie Ihre Teamleitung nach der Konzeption oder nach einer Vertragsausfertigung zur Betreuung, dort sollte dieser Punkt aufgenommen sein. Bei Unklarheiten sollte mit dem Ansprechpartner beim Träger geklärt werden, wie hoch dieses Budget ist und wie der Bestellprozess dazu aussieht. Besteht zusätzlich finanzieller Bedarf, kann z. B. auch ein Spendenaufruf per Aushang/Elternbrief Abhilfe schaffen.

Mediation

205. Bei uns an der Schule soll eine Mediation eingeführt werden, was ist das?

Eine Mediation an der Schule ist ein Angebot von (älteren) Schülern für Mitschüler zur Konfliktbewältigung. Diese sogenannten Mediatoren erhalten eine Ausbildung

Ergänzende Information Die elektronische Version dieses Kapitels enthält Zusatzmaterial, auf das über folgenden Link zugegriffen werden kann [https://doi. org/10.1007/978-3-658-50731-2_13].

und stehen anderen Schülern im Anschluss in den Pausen bei kleineren Streitigkeiten und Konflikten zur Verfügung. Seit Mitte der 90er-Jahre hat der Ansatz der Mediation Verbreitung gefunden. Seitdem wurde er an vielen Schulen eingeführt und dort häufig fest verankert. Die Bezeichnungen für diese Methode sind in den Bundesländern unterschiedlich: In Hessen entschied man sich für den Begriff Schulmediation, in Berlin für Konfliktlotsen und in vielen anderen Bundesländern wurde der Begriff Streitschlichter gewählt, der aber auch eine andere Bedeutung haben kann: beispielsweise bei Konflikten in den Pausen eine Art Aufsicht zu übernehmen. Mediation bedeutet „Vermittlung" und ist ein Verfahren zur Konfliktlösung. Ein Mediator ist als unparteiischer Dritter bei der Konfliktlösung behilflich, d. h. die Lösung eines Konfliktes wird nicht von den Streitschlichtern vorgegeben, sondern von den Kontrahenten erarbeitet. Dabei helfen die Streitschlichter den Betroffenen, sich über ihre Gefühle und Interessen klar zu werden und sie verständlich zum Ausdruck zu bringen. Das gemeinsame Ziel ist es, eine Lösung ohne Verlierer zu finden.

Medien

206. Welche Rolle spielen digitale Medien im Betreuungsalltag?

Mittlerweile kommen die Kinder schon im Kleinkindalter in den Kontakt mit digitalen Medien, was dazu führt, dass auch die Betreuungseinrichtungen sich immer mehr mit dieser Thematik auseinandersetzen müssen. Die Kinder sind noch nicht in der Lage, die medialen Inhalte kritisch zu hinterfragen, die Nutzung selbst zu regulieren oder die Konsequenzen abzuschätzen und bedürfen daher einer gewissen Anleitung und Eingrenzung in der Nutzung. Aber die digitalen Medien bieten auch Chancen im Rahmen der Kreativitäts- und Lernförderung und können ergänzend als spielerische und pädagogisch angeleitete Projekte in den Betreuungsalltag eingebaut werden. Im Rahmen der Medienbildung sollen die Kinder lernen, die digitalen Medien angemessen in ihren Alltag zu integrieren und sich mit den Gefahren auseinandersetzen, welche die Nutzung mit sich bringen kann. Nehmen Sie diesen Teil der kindlichen Lebenswelt ernst, zeigen Sie Interesse, um einen Einblick in die Thematik zu erhalten und binden Sie so die Medienthematik in den Alltag mit ein.

207. Wie kann Medienbildung während der Betreuungszeit umgesetzt werden?

Der Schwerpunkt in der Schulkindbetreuung liegt nach wie vor auf der physischen bzw. analogen Arbeit mit dem Kind. Die Kinder sollen in ihrer Sozialkompetenz gestärkt werden, den zwischenmenschlichen Umgang lernen und sich mit der realen Welt auseinandersetzen. Dennoch muss das Thema Medienbildung in den pädagogischen Alltag integriert werden, um die Kinder zu befähigen sich in digitalen Lebensräumen souverän zu bewegen. Im Rahmen von Projekten können Digital- oder Handykameras zum Einsatz kommen, um Erlebnisse zu dokumentieren und diese anschließend weiterzuverarbeiten. Zur Recherche dient das Internet, mit Tablet, PC oder Handy können Informationen gesammelt und Fragen beantwortet werden. Auch ein selbstgedrehtes Video und dessen anschließende Bearbeitung, das Erstellen eines eigenen Podcasts oder das Anfertigen einer Fotocollage dienen im Rahmen der Medienbildung einer pädagogischen Auseinandersetzung mit den digitalen Medien.

208. Agnes bleibt oft zu Hause, um Videospiele zu spielen. Was können wir tun?

Zu viel Bildschirmzeit ist in diesem Alter nicht förderlich, die Kinder müssen sozial noch viel lernen und sollten daher geregelte Strukturen erhalten. Klare Regeln helfen in diesem Fall, ebenso gemeinsam eingenommene Mahlzeiten, bewusste Pausen und soziale Kontakte zu Gleichaltrigen. Zeigen Sie diese Punkte den Eltern auf, bieten Sie Alternativen an und überlegen Sie, wie Agnes sozial eingebunden werden kann, beispielsweise über einen Verein. Anstelle von Verboten oder Drohungen bieten Sie alternative Beschäftigungen und gemeinsame Zeit an. Fragen Sie einmal das Kind, was es sich wünschen würde. Nicht selten zeigt sich hier, dass die Kinder gerne Zeit mit Eltern oder Freunden verbringen würden, sich jedoch die Gelegenheit nicht bietet.

Mensa/Mittagessen

209. Müssen wir als Betreuungskräfte das Mittagessen aufbereiten und servieren?

Besonders in kleineren Schulen gehört diese Tätigkeit mit zum Aufgabengebiet in der Betreuung. Diese sollte jedoch im Vorfeld klar abgesprochen sein und nach Möglichkeit auch in einer schriftlich formulierten Tätigkeitsbeschreibung festgehalten werden. Es sollte im Vorfeld transparent dargelegt werden, was genau Ihre Aufgaben im Bereich Essenszubereitung sind und ob Sie zur Ausübung dieser bereit sind.

210. Benötigen wir dafür eine Hygieneschulung?

Wer Mittagessen aufbereitet und serviert, bzw. generell mit Lebensmitteln im beruflichen Kontext in Kontakt kommt, muss über das Gesundheitsamt eine Hygieneschulung ablegen. Hier werden relevante Inhalte aus dem Hygieneschutzgesetz geschult. Ihr Arbeitgeber muss Sie über die entsprechenden Teilnahmemöglichkeiten und Abläufe informieren und auch für die nötigen Auffrischungsschulungen sorgen.

211. Welche Rolle spielen Mahlzeiten im Betreuungsalltag?

Im Rahmen der Ganztagsbetreuung gehört die Verpflegung der Kinder zum Alltag. Dazu gehören neben einem warmen Mittagessen auch kleinere Snacks zwischendurch, Obst und etwas zu trinken. Die Essenssituationen sind auch als Lernerfahrung zu verstehen, Rituale, strukturierte Abläufe mit festen Regeln und familienähnliche Abläufe unterstützen ein wertschätzendes Miteinander und schulen soziales Verhalten. Durch das Einbeziehen der Kinder in die Abläufe der Mahlzeiten, das Übertragen von Tätigkeiten, lernen die Kinder Verantwortung zu übernehmen und soziale Gefüge zu begreifen.

212. Welche Rolle nimmt das Mittagessen im Tagesablauf ein?

Das Mittagessen ist die Zeit des Zusammenkommens, der oftmals erste Moment des Tages, in welchem die Kinder die Möglichkeit haben sich auszutauschen, zu erzählen und sich Gehör zu verschaffen. Das gemeinsame Mittagessen hat eine wichtige pädagogische Rolle inne, die Kommunikation wird angeregt, die Kinder werden unterstützt und eine gute Esskultur wird vermittelt. Diese Punkte treten heutzutage leider vermehrt in den Hintergrund und es wird nicht selten während des Mittagessens nur noch beaufsichtigt. Dabei werden ältere Kinder oft sich selbst überlassen und die jüngeren mit disziplinarischen Maßnahmen im Zaum gehalten. Dabei steckt so viel mehr in dieser gemeinsamen Zeit, Beziehungen können aufgebaut und gefestigt werden oder es kann sich zu verschiedenen Themen ausgetauscht werden, einmal abseits des Unterrichtsgeschehens. Das Mittagessen stellt eine gute informelle Bildungssituation dar. Es werden nicht nur Freude am Essen vermittelt und Tischsitten und Esskultur erlebbar gemacht, auch das Gemeinschaftserleben, die Sozialkompetenz und die Kommunikation werden gefördert.

213. Wie ist der Ablauf des Essens geregelt?

Oftmals sind die Essenszeiten klar definiert und deutlich getaktet, es bleibt wenig Spielraum für individuelle Ansätze. Meist müssen die Kinder direkt im Anschluss an den Unterricht zu Mittag essen. Wenn bereits die meiste Zeit am Vormittag im Sitzen verbracht wurde, kann so dem Bewegungsdrang nicht stattgegeben werden und die Kinder sind erneut zum Sitzen und Ruhe bewahren gezwungen. Lärm und Unruhe während der Essenszeit sind vorprogrammiert. Falls möglich bauen Sie zwischen Schul- und Essenszeit eine Spiel- und Bewegungspause ein, um den Kindern die Möglichkeit zu geben sich auszutoben und frei zu sprechen.

214. Gibt es feste Regeln für die Zeit des Essens?

Für das Mittagessen selbst sollten feste Regeln gelten, welche Sie im Vorfeld mit den Kindern erstellen und besprechen. Ein Regelplakat in der Mensa kann dabei helfen, die Regeln präsent zu halten und die Kinder zu erinnern. Wählen Sie die Regeln so, dass sie auch realistisch umsetzbar sind und zu ihren Rahmenbedingungen passen. Binden Sie Mensapersonal und Lehrkräfte wenn möglich in Ihre Abläufe ein und erarbeiten Sie gemeinsam Ansätze für einen reibungslosen Ablauf für alle Beteiligten.

Methoden

215. Welche Methoden helfen uns bei der Arbeit in der Schulkindbetreuung?

Wir können uns Methoden aus der Pädagogik, der Soziologie und der Psychologie zunutze machen. Dazu gehören Themen wie Kommunikation, pädagogische Leitbilder, Entwicklungspsychologie, Netzwerkarbeit, Bedürfnisse, Mediation und Beratung, Partizipation, Kooperation und Kontaktbildung. Details und Beispiele finden Sie unter den entsprechenden Fragen hier im Buch zu den Themen Aktives Zuhören, Partizipation, Bedürfnisse, Vier-Ohren-Modell, Transaktionsanalyse, Ich-Botschaften oder Wertfreie Kommunikation.

Mitarbeitergespräch

216. Ich soll ins Rathaus gehen zu einem Mitarbeitergespräch, dabei kenne ich die Person gar nicht, wie soll sie meine Arbeit beurteilen?

Nutzen Sie diese Chance, um sich und ihre Arbeit vorzustellen. Gerne können Sie den Ansprechpartner im Vorfeld auch einmal in die Ganztagsbetreuung zum Erleben des Betreuungsalltags einladen, damit sich dieser ein Bild von der Arbeit vor Ort machen kann. Fragen Sie nach, mit welchem Ziel das Gespräch geführt wird, wie Sie sich vorbereiten können und was mit dem Gesprächsprotokoll im Anschluss passiert.

217. Wie kann ich mich auf ein Mitarbeitergespräch vorbereiten?

Zur Vorbereitung auf ein Mitarbeitergespräch können folgende Punkte helfen:

- Bedanken Sie sich über die Einladung und die Möglichkeit sich auszutauschen
- Reflektieren Sie eigenen Leistungen und Erfolge
- Was läuft gut in der Betreuung?
- Wo gibt es Verbesserungsmöglichkeiten?
- Wie funktioniert die Zusammenarbeit mit der Schule?

- Formulieren Sie Ziele für Ihre Zukunft
- Bereiten Sie sich auf mögliche Fragen Ihres Vorgesetzten vor
- Bereiten Sie sich emotional auf mögliche Kritik vor
- Bereiten Sie Ihre eigenen Fragen vor
- Bereiten Sie Punkte für ein gegenseitiges Feedback vor.

Halten Sie hierzu im Vorfeld ein paar zentrale Punkte schriftlich fest, damit sie im Laufe des Gesprächs nicht den Faden verlieren.

Mobbing

218. Bei mir in der Betreuung kommt es zu Mobbingvorwürfen, was ist eigentlich Mobbing?

Mobbing ist eine Form von Gewalt einer Person gegenüber einer anderen (schwächeren) Person über einen längeren Zeitraum. Ein Kind wird zum Mobbingopfer, wenn es kontinuierlich und regelmäßig von anderen Kindern schikaniert, gequält und/oder seelisch verletzt wird.

219. Welche Faktoren müssen zusammenkommen, damit Mobbing entstehen kann?

Damit Mobbing entstehen kann, müssen sich verschiedene Faktoren summieren:

- Es besteht häufig ein Ungleichgewicht zwischen den Beteiligten, welches ein Täter oder eine Tätergruppe ausnutzt
- Das Mobbingopfer ist immer schwächer: körperlich, geistig oder seelisch
- Die Angriffe gehen über einen längeren Zeitraum (Wochen, Monate, Jahre)
- Es gibt Mitläufer
- Erwachsene bekommen es nicht mit, da Mobbing oft in den Pausen oder Zwischenräumen stattfindet, schauen weg oder wissen nicht, wie sie reagieren sollen
- Das Mobbingopfer ist dauerhaft den Handlungen ausgesetzt und kann sich nicht wehren oder meint, sich nicht wehren zu können.

220. Welche drei Formen von Mobbing gibt es?

Mobbing kann ganz unterschiedlich aussehen. Häufig lassen sich folgende Formen beobachten:

- Körperliches Mobbing: schlagen, schubsen, treten, Fuß stellen, anspucken, kratzen, jemandem etwas heimlich oder mit Gewalt wegnehmen, jemanden ein- oder aussperren u. a.
- Mobbing mit Worten: jemanden beleidigen, anmachen, anpöbeln, herabsetzen, verächtlich behandeln, jemandem Spottnamen geben u. a.
- Psychisches Mobbing: jemanden „wie Luft behandeln", lächerlich machen, bedrohen, einschüchtern, über jemanden Gerüchte verbreiten/Lügen erzählen, jemandem verbieten, etwas zu tun (z. B. mit anderen zu sprechen/spielen) u. a.

221. Woran kann ich Mobbing noch erkennen?

An folgenden Punkten können Sie einen möglichen Fall von Mobbing erkennen:

- Ist der Schüler nicht mehr fröhlich, hat wenig Elan, Ehrgeiz, Motivation?
- Hat der Schüler plötzlich keine Lust mehr, in die Schule/zur Betreuung zu gehen?
- Hat der Schüler Kummer?
- Ist der Schüler häufiger krank?
- Hat er vermehrt Kopf- oder Bauchschmerzen?
- Kommt er öfter mit zerrissener oder beschädigter/beschmutzter Kleidung zur Betreuung?
- Fehlt des Öfteren Schulmaterial oder ist dieses beschädigt?
- Berichtet der Schüler von zu knappem Taschengeld oder von Geldsorgen?
- Hat der Schüler blaue Flecken, Hautabschürfungen oder andere Verletzungen oder trägt er auch bei warmen Temperaturen lange Sachen?
- Verhält er sich auffällig oder anders als früher?
- Vermeidet der Schüler gewisse Mitschüler oder Orte?

222. Was kann ich gegen Mobbing tun und wer kann mir hier helfen?

Ganz grundsätzlich helfen klare Regeln und Absprachen, wie wir miteinander in der Betreuungszeit umgehen. Regelverstöße auf Kosten anderer Schüler müssen klar benannt und sanktioniert werden. Dazu sollte ein klares Vorgehen im Vorfeld festgelegt und in der Benutzerordnung/der Konzeption verschriftlicht sein. Beobachten und bewerten Sie das Mobbinggeschehen anhand der oben genannten Fragen. Tauschen Sie sich mit einem Kollegen über Ihre gewonnenen Eindrücke aus. Sprechen Sie das betroffene Kind bei Gelegenheit vorsichtig an, bieten Sie Hilfe und Unterstützung an in Form von Zeit für Gespräche, für eine Intervention, für eine Vermittlung oder eine Unterstützung durch Dritte (Lehrkräfte, Schulsozialarbeit, Eltern, örtliche Jugendhilfeangebote). Bitten Sie bei Mobbingvorfällen die Teamleitung/die Klassenlehrerin/die Schulsozialarbeit um Unterstützung bzw. geben Sie den Fall an diese Fachkräfte ab.

Netzwerk

223. Wenn wir im Team einmal nicht weiterwissen, an wen im Umfeld können wir uns wenden?

Folgende Ansprechpartner gibt es im Bereich der Unterstützungsangebote für Kinder, Eltern und Familien: Familienbüro oder Familienberatungsstelle, Beratungsstellen mit verschiedenen Schwerpunkten (z. B. Sucht, Schulden, Erziehungsprobleme, familiäre Probleme, etc.) z. B. von der Caritas oder der Diakonie, die Gemeinde oder Stadt, der Träger der Ganztagsbetreuung, das Jugendamt, der Kinderschutzbund, die Lehrkräfte, die Polizei, die Schulsozialarbeit, die Schulleitung, der Schulpsychologische Dienst, die Teamleitung, verschiedene Gruppenangebote mit therapeutischem oder beratenden Schwerpunkt. Informieren Sie sich über die Angebote in Ihrem Umfeld, nehmen Sie mit den zuständigen Kollegen Kontakt auf, tauschen Sie sich aus, sammeln Sie Kontaktdaten und geben Sie diese bei Bedarf an Ihre Kinder oder deren Eltern weiter. Sie sind Teil

---

Ergänzende Information Die elektronische Version dieses Kapitels enthält Zusatzmaterial, auf das über folgenden Link zugegriffen werden kann [https://doi.org/10.1007/978-3-658-50731-2_14].

eines großen Netzwerks zur Unterstützung der Kinder und ihrer Familien. Machen Sie sich bewusst, dass Sie nicht alleine sind und Hilfe von entsprechen geschulten Kollegen in Anspruch nehmen können.

224. Welche Vereine sind bei uns ansässig und wie können wir das Angebot an die Kinder vermitteln?

Verschaffen Sie sich einen Überblick über die Vereine und Jugendangebote vor Ort. Gibt es einen Jugendtreff, den Sie mit den Schülern einmal gemeinsam besuchen können? Möchte z. B. der Trainer aus dem Tischtennisverein einmal an einem Mittag in der Betreuung vorbeikommen zum Kennenlernen, Spielen und zur Einladung zum Probetraining?

Nicht selten kommt man während der Ferienangebote in Kontakt mit Angeboten aus der Umgebung (z. B. Vereine, Feuerwehr, Bauernhöfe, Künstler, Musikschule, etc.). Überlegen Sie gemeinsam, ob eine Vernetzung auch unter der Woche möglich wäre.

225. Wie können wir die Partner und Angebote unserer Ferienzeit in unsere tägliche Arbeit integrieren?

Versuchen Sie örtliche Vereine oder Angebote in den Betreuungszeitraum zu integrieren. So kann beispielsweise donnerstags immer ein Besuch auf dem Bauernhof im Ort anstehen, mittwochs kommt eine Künstlerin zum Malen an die Schule oder eine Töpfermeisterin übernimmt eine AG während der Betreuungszeit. Auch Musikunterricht oder Sportangebote können den Betreuungsalltag sinnvoll ergänzen.

Noten

226. Schüler berichten von schlechten Noten und Notendruck – wie reagiere ich auf dieses Thema am besten?

Hören Sie dem Schüler zu. Bieten Sie Raum und Zeit, um über das Thema zu sprechen. Der Umgang mit Noten ist sehr unterschiedlich und individuell. Für den einen ist eine „vier" schon ein Weltuntergang, ein anderer freut sich darüber. Deshalb kann hier zum Einstieg auch immer gefragt werden, ob der Schüler mit der Note zufrieden ist. In einem zweiten Schritt kann ergründet werden, welche Note es zuvor gab, und ob es nun zu einer Verbesserung oder Verschlechterung gekommen ist und woran das wiederum lag. Im ersteren Fall können wir mit Lob und Anerkennung reagieren, im zweiten Fall wäre zu überlegen, welche Ideen und Lösungsmöglichkeiten zur Verfügung stehen, um beim nächsten Mal zu einem besseren Ergebnis zu kommen. Welche Vorschläge macht das Kind, damit es in Zukunft besser klappt? Was muss dazu noch verändert werden? Wer kann Sie dabei unterstützen? Wie kann ein Schüler unterstützt werden (z. B. durch Förderkräfte)?

Notfälle

227. Benötigen wir eine Schulung in Erster Hilfe?

Ja, alle Betreuungskräfte benötigen einen aktuellen Erste-Hilfe-Kurs und es muss auch das entsprechende Material zur Verfügung stehen, um erste Hilfe leisten zu können. Fragen Sie in der Schule oder bei Ihrem Träger nach, wann der nächste Kurs stattfindet. Die Ausbildungsinhalte müssen anschließend regelmäßig alle zwei Jahre aufgefrischt werden. Informieren Sie sich an welcher Stelle der Erste-Hilfe-Kasten zu finden ist und wie Sie mit den Inhalten umgehen müssen.

228. Was soll ich bei einem Notfall machen, wenn ich alleine bin?

Wenn nötig leisten Sie Erste Hilfe, setzen einen Notruf ab und (wenn Sie alleine sind) schicken zwei verlässliche Schüler los, um Hilfe zu holen oder Kollegen per Telefon zu informieren. Eine Betreuungskraft bleibt mit einem Freund des Schülers vor Ort, die anderen verlassen den Bereich. Wird ein Rettungswagen oder der Notarzt benötigt, so kann diese Gruppe, falls es die Gegebenheiten erfordern, die Rettungskräfte einweisen und lotsen.

229. Was müssen wir bei Feueralarm machen?

Bei Feueralarm ist das Gebäude grundsätzlich zu verlassen. Es empfiehlt sich, bei einer Übung innerhalb der Schule teilzunehmen bzw. die Schulleitung darum zu bitten, auch einmal einen Probedurchlauf am Nachmittag durchzuführen. Machen Sie sich mit den Fluchtwegen vertraut und fragen Sie nach, wo sich der Sammelpunkt für Sie befindet. Bei Feueralarm gibt es an der Schule klare Abläufe, machen Sie sich mit diesen vertraut und fragen Sie im Vorfeld bei der Schulleitung oder dem Hausmeister nach, wenn etwas unklar sein sollte.

230. Was muss ich bei Feueralarm mitnehmen?

Die aktuelle Anwesenheitsliste aller sich zu diesem Zeitpunkt in der Betreuung aufhaltenden Kinder muss mitgeführt werden, damit auf dem Pausenhof die Vollständigkeit der Gruppe abgehakt und nachgewiesen werden kann. Lassen Sie alle übrigen Gegenstände wie Taschen, Jacken oder Ähnliches in den Räumlichkeiten zurück und instruieren Sie auch die Kinder entsprechend.

231. Gehe ich zuletzt oder am Anfang der Gruppe?

Sollten Sie mit der Gruppe alleine sein, dann gehen Sie gemeinsam mit den Schülern, aber am Ende der Gruppe, sodass sie sicher sein können, dass niemand zurückbleibt, die Tür geschlossen wurde und niemand verloren geht. Bei zwei oder mehr Betreuungskräften können die Positionen entsprechend aufgeteilt werden, sodass sowohl zu Beginn als auch zum Schluss eine Aufsichtsperson anwesend ist.

232. Wo muss ich mit den Schülern hin?

Informieren sie sich in ihrer Schule, wo die Sammelpunkte sind, und fragen sie nach, an welcher Position sie sich aufstellen müssen.

233. Moritz hat sich schwerer verletzt. Der Rettungsdienst möchte ihn zur weiteren Untersuchung mit ins Krankenhaus nehmen. Muss ich im Krankenwagen mitfahren?

Nein. Die Sorgeberechtigten werden erneut angerufen (der erste Anruf erfolgt direkt nach der Verletzung) und darüber informiert, dass Moritz zur Sicherheit und Kontrolle jetzt auf dem Weg ins Klinikum ist. Die Sorgeberechtigten können sich dort melden. Für den weiteren Ablauf und den Kontakt zu den Eltern sind ab sofort die Rettungskräfte/das Krankenhaus zuständig.

O

Organisation

234. Gibt es festgelegte Zeiten für die Betreuung, z. B. eine Frühbetreuung ab 7 Uhr?

Nein. Die Zeiten für die Betreuung werden individuell und je nach Bedarf vor Ort vom Träger ermittelt und festgelegt. In diesem Zusammenhang wird auch festgehalten, ob die Anforderungen (z. B. Mindestanzahl an Kindern) erfüllt sind, um eine entsprechende (Früh-)Betreuung anbieten zu können.

235. Die Eltern halten sich beim Abholen nicht an die Zeiten, was sollen wir machen?

Die Eltern eindrücklich an die festen Abholzeiten erinnern und deren Einhaltung betonen. Weisen Sie die Eltern zudem darauf hin, dass nicht oder zu spät abgeholte Kinder nicht mehr beaufsichtigt werden, weil die Aufsichtspflicht mit Ende der festgelegten Betreuungszeit erlischt. Da verspätetes Abholen an etlichen Schulen

Ergänzende Information Die elektronische Version dieses Kapitels enthält Zusatzmaterial, auf das über folgenden Link zugegriffen werden kann [https://doi.org/10.1007/978-3-658-50731-2_15].

zu einem großen Problem geworden ist, haben viele Betreuungsverträge einen Kostensatz ausgewiesen, der bei zu spätem Abholen zu bezahlen ist. In diesem Fall stellt der Träger eine Rechnung an die Erziehungsberechtigten aus.

236. Zwischen Mittagessen und Betreuung habe ich eine Stunde frei, das passt mir gar nicht. Welche Lösungsmöglichkeiten gibt es?

Besprechen Sie mit ihrem Ansprechpartner (Teamleitung, Träger), ob diese Stunde als Zeit für Dokumentation, Vor- und Nachbereitung oder Teamzeit angerechnet werden kann. Sollten sie Interesse haben, können Sie sich auch anbieten, in der Hausaufgabenzeit als Betreuung mitzuhelfen oder während des Mittagessens die Kollegen in der Mensa zu unterstützen.

Pädagogisches Leitbild

237. Was wird unter einem Pädagogischen Leitbild verstanden?

Das Leitbild dient als Orientierungsgrundlage der pädagogischen Arbeit. Ein Leitbild soll die Handlungen der Organisation beziehungsweise der Organisationsmitglieder anleiten. Es ist an den gemeinsamen Zielen auszurichten und muss von außen als Profil der Organisation erkennbar und von innen erlebbar sein. Es besteht aus der Vision und der Mission, sowie aus den Werten und zeigt auf, was wichtig ist, wie gehandelt werden soll und wie Sie Schüler und Eltern grundsätzlich sehen. Wie solche Grundannahmen nun aussehen, können lesen Sie nachfolgend:

A: Grundannahmen über Schüler und Kinder

Bis zum Beweis des Gegenteils glauben wir, dass alle Kinder:

- möchten, dass Eltern und Lehrer stolz auf sie sind
- ihren Eltern und anderen wichtigen Erwachsenen Freude machen wollen

Ergänzende Information Die elektronische Version dieses Kapitels enthält Zusatzmaterial, auf das über folgenden Link zugegriffen werden kann [https://doi.org/10.1007/978-3-658-50731-2_16].

- Neues lernen wollen
- genießen möchten, dass sie neue Fertigkeiten erlernen und neue Kenntnisse erlangt haben
- mitentscheiden möchten, wenn sie eine Möglichkeit dazu erhalten
- zu einer sozialen Gruppe gehören möchten
- als Teil einer Gruppe akzeptiert werden möchten
- aktiv sein und bei Aktivitäten mit anderen beteiligt sein möchten
- ihre Meinung sagen möchten, wenn sie die Möglichkeit dazu haben
- einen guten und sozialen Kern in sich haben
- nach Orientierung und Halt suchen
- Wärme und Geborgenheit benötigen
- sich Ziele stecken und sich weiterentwickeln möchten.

B: Grundannahmen über Eltern/Sorgeberechtigte

Bis zum Beweis des Gegenteils glauben wir, dass alle Eltern/Sorgeberechtigten:

- stolz auf ihr Kind sein möchten
- einen positiven Einfluss auf ihr Kind ausüben möchten
- gute Nachrichten über ihr Kind hören und erfahren möchten (z. B. was ihr Kind gut kann)
- ihrem Kind eine gute Ausbildung zukommen lassen und ihm die besten Chancen für den Erfolg im Leben geben möchten
- Hoffnung für ihr Kind haben möchten
- das Gefühl haben möchten, dass sie gute Eltern sind
- sehen möchten, dass ihr Kind eine gute Zukunft hat.

Partizipation

238. Was ist Partizipation?

Partizipation von Kindern und Jugendlichen bedeutet, diese zu ermutigen und zu befähigen, ihre Ansichten zu den sie betreffenden Themen darzulegen. Aber auch den Kindern zuzuhören, ihnen die Freiheit zu geben, sich auszudrücken, ihnen eine Stimme zu geben und ihre Ansichten zu berücksichtigen. Kinder sollen konstruktive Maßnahmen erlernen, um ihre Umwelt zu beeinflussen. Partizipation wird gleichgesetzt mit Freiheit und soll demnach für jedes Kind und jeden Jugendlichen gefördert und geschützt werden (vor allem im Bereich der Bildung). Partizipation (lat. particeps = an etwas teilnehmend) als demokratietheoretischer Begriff definiert die Beteiligung von Einzelnen oder Gruppen an Entscheidungen und Entscheidungsprozessen. Partizipation basiert vorrangig auf den geltenden Menschenrechten, den Selbstbestimmungsrechten und der menschlichen Würde. Als historisch gewachsenes Argument kann die Forderung nach Partizipation damit begründet werden, dass über unsere Angelegenheiten entschieden wird, also haben wir auch ein Recht darauf mitzuentscheiden. Der Partizipationsbegriff kann sowohl als Synonym von Teilhabe/Beteiligung angesehen werden, als auch als Synonym von Demokratie, in jedem Fall wird jedoch die Partizipation in ihrer Auslegung als ein Teilaspekt von Demokratie angesehen und ist in den Kinderrechten verankert.

239. Welche Missverständnisse treten im Zusammenhang mit Partizipation auf?

Zwei Missverständnisse treten in Erscheinung. Zum einen die angebliche Verletzlichkeit und Hilflosigkeit des Kindes, zum anderen die Annahme, dass Kinder passiv und unreif seien. Diese Missverständnisse basieren auf dem mangel- und problemorientierten Ansatz, der seit vielen Jahren als Basis für die pädagogische Praxis dient. Im Gegensatz zu diesem defizitären Konzept, soll Partizipation als alternativer Ansatz dienen, der das Kind als aktiven Menschen und Inhaber von Fähigkeiten und Potenzialen ansieht. Fähigkeiten und Kompetenzen gelten als wesentlich für das Potenzial eigene Bedürfnisse und Interessen herauszufinden und zu befriedigen, basierend auf der Tatsache, dass Kinder durchaus in der Lage sind, auszudrücken, was sie wollen und brauchen.

240. Können und wollen Schulkinder überhaupt partizipieren?

Die Schule ist ein Ort der Demokratie. Die Mitwirkung und die Mitwirkungsmöglichkeiten an einer gerechten und gleichberechtigten Welt müssen schon im Kindesalter geübt werden, wobei die Schule die Möglichkeit bietet, dass die Kinder an der Gestaltung des Unterrichts, des Schullebens und an den Regeln der Schule aktiv mitwirken können.

Es ist die demokratische Gestaltung von Schulleben und Unterricht, welche die Basis für gelungene Lernprozesse bildet. Die Partizipation der Schüler ist dafür besonders wichtig. In der Schule sollen die Kinder in vielen Bereichen aktiv, engagiert und politisch denkend an der Gestaltung ihrer Umwelt beteiligt werden.

Ein wichtiger Aspekt der heutigen schulischen Arbeit ist das Schaffen einer Lehr- und Lernkultur, die den Schülern (Mit-)Verantwortung über ihr Lernen und Handeln überträgt, sowie Eigenständigkeit und Kooperationsbereitschaft vermittelt.

Eine wichtige Frage, die sich die Partizipation von Schulkindern betreffend stellt, ist, ob diese überhaupt in der Lage sind zu partizipieren. Gibt es spezielle Voraussetzungen, um partizipieren zu können und sind diese zwangsläufig an Reife und Lebenserfahrung geknüpft? Diesen Punkt betreffend lassen sich drei Aspekte nennen, um mehr Klarheit zu erhalten: Erstens ist Partizipation ein Erfahrungs- und Lernprozess, Partizipieren lernt man erst durch angewandte Partizipation, man kann sich nicht darauf vorbereiten. Und die unterschiedlichen Grade und Formen der Beteiligung machen ihr Zusammenspiel erst aus. Zweitens benötigt Partizipation den Willen, Verantwortung auch an „Unterlegene" abzugeben und drittens basiert die Erziehungs- und Bildungsarbeit auf einer gelebten Demokratie. Daraus lässt sich schließen, dass die Frage, inwieweit Kinder in der Lage sind zu partizipieren und welche Partizipationsformen geeignet sind, von der Interpretation entwicklungspsychologischer Erkenntnisse und den daraus resultierenden pädagogischen Entscheidungen abhängig ist. Anhand der Kinderrechtskonvention und der darin verdeutlichten rechtlichen, sozialen und kulturellen Stellung von Kindern und Jugendlichen, wird ersichtlich, dass auch Kinder neben ihrer Würde Rechte besitzen und Verantwortung tragen können. Im Rahmen von demokratischer Bildung geht es darum, Schülern Autonomieerleben und Partizipation zu ermöglichen und sie zu selbigen zu befähigen. Selbst- und Mitbestimmungsmöglichkeiten und die damit einhergehende Selbstwirksamkeitserfahrung sind der wesentliche Schlüsselfaktor für die Möglichkeit der Wahrnehmung und Mitgestaltung von Freiheits- und Möglichkeitsspielräumen. Im Fall der Partizipation von Kindern werden die Aspekte des Könnens, Wollens und Dürfens in besonderer Art und Weise betrachtet. Es besteht keine Festlegung des Alters, ab welchem Kinder partizipieren dürfen, ebenso wenig wie eine Festlegung innerhalb welcher Bereiche sie möglich ist.

241. Welche Partizipationsmöglichkeiten gibt es innerhalb der Betreuung?

Da die Beteiligung von Kindern eine grundlegende Voraussetzung für den Fortbestand unserer Demokratie darstellt, müssen die Kinder schon früh lernen, Verantwortung für sich und andere zu übernehmen und ihre Interessen zu vertreten. So bietet sich die Betreuung an, damit sich die Kinder in vielen Bereichen aktiv einbringen und an der Gestaltung ihrer Umwelt beteiligen können und sich damit Erfahrungsräume eröffnen, welche den Schülern partizipative Handlungen einräumen. Oft findet im Schulalltag bereits Partizipation statt, ohne dass dies explizit der Beteiligung der Kinder zugeordnet wird. Diese Rituale reichen von Morgenkreis, Ideenwerkstatt und Planarbeit bis zu Klassenrat, Schulparlament und Klassensprecherwahl. Durch deren Umsetzung sollen die Schüler aktiv in das Unterrichtsgeschehen einbezogen werden und es soll ihnen die Möglichkeit gewähren, eigene Wünsche, Absichten und Gefühle zu äußern und zu erklären. Die Schule als Lernort trägt damit auch die Verantwortung, den Kindern die Fähigkeit zur Partizipation zu vermitteln, um eine lebendige und demokratische Schulkultur erlebbar zu machen. Durch eine „Kultur der Mitbestimmung" lernen Schüler von Anfang an lebendige Demokratie, die Mitbestimmung kann in allen Bereichen der Schule gelebt werden. Das Zusammenleben der Kinder in Schul- bzw. Klassengemeinschaften erfordert von jedem Beteiligten ein klares Äußern von Wünschen, Absichten und Gefühlen. Die Erfahrung für eine gelingende Umsetzung fehlt jedoch den jungen Menschen noch und muss daher am Lern- und Lebensort Schule gefordert und gefördert werden. Damit die Schule diese Aufgabe der gelingenden Vermittlung von Selbstverantwortung und Mitbestimmung erfolgreich erfüllen kann, müssen die Schüler die Erfahrung machen, dass sie in der Lage sind, selbstständig zu agieren und Verantwortung zu übernehmen.

Personal

242. Wir haben schon lange zu wenig Personal, an wen kann ich mich wenden?

Der Träger ist für das Personal zuständig. Wenden Sie sich hierzu schriftlich an Ihre Ansprechperson z. B. in der Gemeinde. Teilen Sie mit, wie viele Gruppen es gibt und welches Personal hier zur Verfügung steht. Dabei kann auf das Konzept verwiesen werden, in welchem die personellen Rahmenbedingungen aufgeschlüsselt sind (siehe dazu auch Frage 186). Eine Möglichkeit besteht auch darin, eine Stelle für FSJler auszuschreiben und/oder Praktikumsplätze für Studenten zur Verfügung zu stellen.

243. Bei uns in der Betreuung arbeitet nur ungelerntes Personal – ist das zulässig?

Stand heute gilt die Schulkindbetreuung als Einrichtung ohne Betriebserlaubnis. Dies bedeutet, dass es keine gesetzlichen Vorgaben gibt, welche Qualifikation das in der Betreuung eingesetzt Personal vorweisen muss. Auch hier, wie an so vielen anderen Stellen, obliegt es dem Träger selbst festzulegen, welche Vorgaben oder Mindestanforderungen an das Personal gestellt werden.

244. Welche Ressourcen bestehen im Team, um eine qualitativ hochwertige Betreuung anbieten zu können?

Je nach Ressourcen im Team (Kenntnisse, Fähigkeiten, Zeit) kann das Betreuungsangebot in der Schule gestaltet werden. Gibt es im Team z. B. eine Person mit einem Trainerschein (DOSB Trainerlizenz) oder einem Übungsleiterschein, so kann diese ein Angebot mit Geräten in der Sporthalle anbieten (d. h. ein Fußballtrainer oder eine Person mit einer Übungsleiterlizenz im Turnen dürfen entsprechende AGs anbieten).

245. Wie viele Personalstunden stehen in der Betreuung zur Verfügung?

Hier können Ihnen die Teamleitung oder der Träger entsprechende Antworten geben. Gleiches gilt auch für die Frage nach der Aufteilung der Zeiten, und ob es extra Zeiten für die Vor- oder Nachbereitung, für Elterngespräche, Verwaltungs- und Organisationsarbeiten gibt. Fragen Sie hier wieder nach der Konzeption, dem Leitbild oder der Vertragsgrundlage, welche diesen Punkt beinhaltet.

246. Darf ein Mitarbeiter alleine arbeiten?

Schauen Sie in Ihrer Konzeption, Ihrem Leitbild oder in Ihrem Arbeitsvertrag nach, was diesbezüglich festgelegt wurde. Sollten hierzu keine Angaben gemacht worden sein, so liegt es an Ihrem persönlichen Empfinden, ob Sie sich die Arbeit allein zutrauen oder nicht. Sollten Sie sich alleine unwohl fühlen, dann teilen Sie Ihrem Träger schriftlich mit, dass Sie die Aufsichtspflicht alleine nicht erfüllen und im Notfall nicht angemessen reagieren können. Besonders kritisch wird es in diesem Fall, wenn der Betreuungskraft selbst etwas passieren sollte. Machen Sie dem Träger klar, dass er dann in der Haftung steht und sich verantworten muss.

Q

Qualitätsmanagement

247. Was ist Qualitätsmanagement?

Der Begriff Qualitätsmanagement kommt aus der Wirtschaft. Darunter wird die Planung, Steuerung und Optimierung von Geschäftsprozessen verstanden. Das Ziel hierbei ist es, die Qualität von Produkten bzw. Dienstleistungen zu verbessern oder auf einem gleichbleibend hohen Niveau zu halten. Hat ein Träger der Schulkindbetreuung ein „Qualitätsmanagement" etabliert, so möchte er diese kontinuierlich verbessern, um den Bedürfnissen, der Schüler, Eltern, Lehrer und der Gesellschaft besser gerecht zu werden.

248. Wie kann Qualitätsmanagement bei der Lösung von Problemen helfen?

Wird Qualitätsmanagement vor Ort eingesetzt, so beinhaltet dies, dass einzelne Abläufe nach dem immer gleichen Muster (Planung, Umsetzung, Sicherung, Überprüfung und Verbesserung) umgesetzt werden. Nach einer Planungsphase kommt

Ergänzende Information Die elektronische Version dieses Kapitels enthält Zusatzmaterial, auf das über folgenden Link zugegriffen werden kann [https://doi. org/10.1007/978-3-658-50731-2_17].

es zur Umsetzung. In dieser wird sichergestellt, dass alles so funktioniert wie geplant, der Ablauf wird regelmäßig kontrolliert und bei Bedarf werden Verbesserungen vorgenommen. So werden alle Bereiche (Tätigkeiten) kontinuierlich überprüft und bei Problemen angepasst. Beim Thema „Mittagessen" z. B. wird geschaut: Wie kommen wir zur Mensa? Wie viele Schüler werden von wie vielen Betreuungskräften begleitet? Wie viel Zeit steht zum Essen zur Verfügung? Wer gibt das Essen aus? Welche Vor- und Nachbereitungen müssen vor Ort noch getroffen werden? Was gehört zu einem guten Mittagessen (Qualität, Frische, Abwechslung, Preis, Ambiente und Platzangebot, Lautstärke)? Welche Bewertungen geben wir diesen einzelnen Punkten und welche Verbesserungsmöglichkeiten gibt es, die umgesetzt werden können?

249. Was ist ein Qualitätshandbuch?

Das Qualitätshandbuch beschreibt im Gegensatz zu einer Konzeption nicht die Ziele an sich, sondern deren Umsetzung. Es zeigt somit konkret den Ist-Stand in der Einrichtung an. Das Handbuch ist ein Dokument, das erstmals in der ISO-Norm 9001 für Qualitätsmanagementsysteme gefordert wurde. Es beschreibt das Qualitätsmanagementsystem (QMS) einer Organisation und kann sowohl intern (für Mitarbeiter) als auch extern (für Sorgeberechtigte) verwendet werden. Das Qualitätshandbuch bietet einen Überblick über Standards und die individuellen Prozesse und Regelungen in Ihrer Einrichtung an. Es kann beispielhaft folgende Punkte umfassen:

- Trägerleitbild
- Einrichtungsleitbild
- Teamverständnis
- Qualitätspolitik
- Dienstleistungsangebot
- Profil
- Pädagogische Ziele
- Ziele der Erziehungspartnerschaft
- Leistungen
- Kernprozesse
- Evaluationssystem

- Dokumentationssystem
- Organisationsstruktur
- Personalentwicklung
- Ressourcenmanagement.

Qualitätsstandard

250. Gibt es vom Land festgelegte Qualitätsstandards für die Betreuung?

Nein. Die Schulkindbetreuung zählt nicht als Betrieb mit Betriebserlaubnis. Mit einer Betriebserlaubnis gelten Mindeststandards z. B. bezüglich Anzahl der Kinder und Betreuer, der Raumgröße und der Qualifikation des Personals etc. Für die Schulkindbetreuung gibt es diese Vorgaben derzeit nicht.

251. Ich habe keinen aktuellen Erste-Hilfe-Kurs gemacht, benötige ich diesen noch?

Es wird dringend empfohlen, dass jede Betreuungskraft über einen aktuell gültigen Erste-Hilfe-Kurs verfügt. Im Rahmen der Ganztagsschule ist der Erste-Hilfe-Kurs sogar verpflichtend. Es ist wichtig, dass Bildungs- und Betreuungseinrichtungen sicherstellen, dass alle Mitarbeiter über die notwendigen Erste-Hilfe-Kenntnisse verfügen und in Notfällen schnell und effektiv handeln können. Die Kosten für den Erste-Hilfe-Kurs übernimmt in der Regel der Arbeitgeber. In manchen Fällen können Sie als Mitarbeitende der Betreuung auch an den Erste-Hilfe-Kursen der Schule teilnehmen. Erkundigen Sie sich nach den Möglichkeiten und den nächsten Terminen.

R

Rahmenbedingungen

252. Warum sollten auch die äußeren Rahmenbedingungen beachtet werden?

Die Rahmenbedingungen beleuchten die Faktoren, welche die Abläufe und Strukturen der Einrichtung und der Schule beeinflussen. Dabei können verschiedene Aspekte unterschieden werden. Die Schulart und ihre Besonderheiten betreffend müssen das schulische Angebot, die Wirtschaftskraft der Region, die Betreuungsformen, die Schulform und das Schulprofil beachtet werden. Auch die Zusammensetzung der Schülerschaft, die Schülerzahl, die fachlichen Eingangsvoraussetzungen und der Unterstützungsbedarf sind relevante Merkmale. Ebenfalls Aufschluss bieten die Mittel, Ausstattung und Infrastruktur der Schule und der Betreuung. Die Herausforderung in der pädagogischen Praxis besteht darin, sich diesen Gegebenheiten anzupassen. Der Mangel an geeigneten Räumlichkeiten und ausreichendem gut qualifizierten Personal stellen eine große Herausforderung dar.

Ergänzende Information Die elektronische Version dieses Kapitels enthält Zusatzmaterial, auf das über folgenden Link zugegriffen werden kann [https://doi.org/10.1007/978-3-658-50731-2_18].

Sind die Gruppen aufgrund von Platzmangel besonders groß und die Fachkräfte überlastet, bleibt nur wenig Zeit für eine differenzierte pädagogische Arbeit und die Bedürfnisse der Kinder rücken oft in den Hintergrund.

253. Warum sollte der Sozialraum analysiert werden?

Jede Einrichtung befindet sich in einem gewissen Sozialraum, in welchem die verschiedensten Menschen mit den verschiedensten Hintergründen leben. Die Art der Zusammensetzung der Bewohner rund um ihre Einrichtung gibt Ihnen einen Überblick über die Kinder, die Sie betreuen müssen. Handelt es sich um eine Einrichtung im ländlichen oder städtischen Umfeld? Sind viele Bewohner arbeitssuchend oder in gut bezahlten Jobs angestellt? Handelt es sich um ein von Wohnblocks geprägtes Gebiet oder um ein Neubaugebiet? Je nach Lage sollten Sie ihr Konzept ausrichten, um die Kinder durch passende Projekte und Kooperationen bestmöglich unterstützen zu können. Der Blick auf den Sozialraum bedeutet eine Orientierung an den Bedürfnissen der Kinder zu haben, sich am Umfeld zu orientieren und die Eltern und deren Lebenswelt einzubeziehen. Eine erfolgreiche Partizipation und Integration kann durch die enge Zusammenarbeit mit den Eltern und anderen Netzwerkpartnern mit den vorhandenen Ressourcen erreicht werden.

254. Wie können Familien und Kinder vor Ort unterstützt werden?

Um die Kinder und ihre Eltern optimal unterstützen und begleiten zu können, ist es hilfreich ein gut organisiertes Netzwerk zu etablieren. Vor allem ambulante Hilfen, wie Familienzentren oder Sozialraumbüros können die pädagogische Arbeit in der Ganztagsbetreuung sinnvoll ergänzen. Erkundigen Sie sich, welche Möglichkeiten sich bei Ihnen im Umkreis befinden, stellen Sie Kontakt her und bleiben Sie im Austausch. Beratungs- und Gruppenangebote helfen in verschiedenen Situationen, bei Konflikten oder Krisen. Sie müssen nicht immer alles alleine bewältigen. Bieten Sie niedrigschwellige Angebote bei Fragen zu Erziehung und Bildung an, spezifische Themenelternabende können die Erziehungskompetenz und Zusammenarbeit stärken, Elterncafés oder Patenschaften helfen bei der Vernetzung der Eltern untereinander und bieten Raum für Austausch und zum Kennenlernen.

Räume

255. Müssen sich die Betreuungsräume im Schulgebäude befinden?

Das Betreuungsangebot kann in den Räumen der Schule oder in unmittelbarer Nähe stattfinden. Sollten in der Schule keine geeigneten oder zu wenig Räumlichkeiten vorhanden sein, so können beispielsweise in der Nachbarschaft Räume angemietet werden. Stehen diese Möglichkeiten nicht zur Verfügung, können auch Container Abhilfe schaffen, welche sich auf dem Schulhof oder einem nahe liegenden Gelände befinden. Es können auch (Klassen-)Räume innerhalb der Schule am Nachmittag mitgenutzt werden. Sprechen Sie mit den Lehrkräften und der Schulleitung, welche Optionen Sie vor Ort zur Verfügung haben. Je besser Schule und Betreuung kooperieren und somit auch Räume gemeinschaftlich nutzen, umso mehr profitieren schlussendlich die Kinder.

256. Welche Größe muss mein Gruppenraum haben?

Weder in der Schulordnung noch im Sozialgesetzbuch gibt es genaue Vorgaben. Es heißt immer, dass das Raumangebot angemessen und kindgerecht sein soll. Als Orientierungshilfe dienen die im SGB VIII (Kinder- und Jugendhilfegesetzes) festgelegten Raumgrößen. Als Faustregel gilt hier 2 m² pro Kind. Darüber hinaus befasst sich die Liga der freien Wohlfahrtspflege in Baden-Württemberg e. V. in Ihrer Konzeption für die Schulkindbetreuung[1] mit angemessenen Raumgrößen. Nach diesen Angaben sollte ein Gruppenraum mindestens 3 m² pro Kind zur Verfügung stellen. Außerdem sollte dieses Angebot durch Räume für Rückzugsmöglichkeiten und Ruhe, einen Personalraum und ein Leitungsbüro ergänzt werden.

---

[1] https://liga-bw.de/wp-content/uploads/2021/03/2021_02_08_LigaBW_Rahmenempfehlung_Schulkindbetreuung.pdf

257. Haben wir einen Anspruch auf ein eigenes Büro?

Nein. Der Träger des Betreuungsangebots sollte mit der Schulleitung im Vorfeld eine Übereinkunft über die Nutzung der Räum treffen. Dabei sollten ein Leitungsbüro und ein Raum festgelegt werden, welcher ausschließlich für die Betreuung genutzt wird. Dies kann in der Pädagogischen Konzeption schriftlich festgehalten werden, welche der Träger mit dem Amt für Schule und Bildung erstellt. Als Beispiel kann hier auf die „Schulkindbetreuung der Stadt Freiburg. Pädagogische Konzeption", verwiesen werden, welche im Internet als PDF zum Download zu Verfügung steht:

https://www.freiburg.de/pb/site/Freiburg/get/params_E970597642/1658900/45_Broschuere_Schulkindbetreuung.pdf

258. Wir haben viele Kinder, die ruhige Beschäftigungen bevorzugen, in unserem Gruppenraum ist es aber oft sehr laut. Was kann ich tun?

Es wäre zu prüfen, ob noch ein weiterer Raum zur Verfügung steht, in welchem die Schüler ungestört Hausaufgaben erledigen können. Die Gruppe zu teilen, bietet sich auch an, wenn der Pausenhof oder die Sporthalle mitgenutzt werden können. Alternativ kann überlegt werden, ob der Raum verändert werden könnte (siehe nächste Frage) oder durch Teppichboden und anderes Mobiliar geeigneter gestaltet werden kann.

259. Kann ich den Gruppenraum in verschiedene Bereiche aufteilen, wenn ja, wie?

Steht der Betreuung ein eigener Raum zur Verfügung, so kann dieser nach Rücksprache/Einbindung mit der Schulleitung nach eigenen Wünschen gestaltet und eingeteilt werden. Wichtig ist es, sich an die gesetzlichen Vorgaben wie beispielsweise die Brandschutzverordnung zu halten. Stehen mehrere geeignete Räumlichkeiten zur Verfügung, so sollten diese möglichst ausgenutzt und thematisch getrennt werden. Beispielsweise dient ein Raum der Anfertigung der Hausaufgaben, einer als Ruhezone, einer als Spiel- und Tobebereich. Muss das gesamte Angebot in einem Raum stattfinden, so kann dieser in eben diese Bereiche unterteilt werden. Klare Grenzen durch den Einsatz von Regalen, Teppichen oder anderen Raumtrennern erleichtern auch den Kindern die Unterscheidung der Zonen.

260. Unser Gruppenraum befindet sich im 1. Stock. Wie kann ich dennoch ausreichend Bewegungsraum schaffen?

Da die zur Verfügung stehende Bewegungszeit schon stark eingeschränkt ist und immer mehr Angebote bewegungsarmer Beschäftigungen wie Medienkonsum oder Computerspiele existieren, sollte die Betreuung den Kindern ausreichend Möglichkeiten zur Bewegung bieten und Bewegungsanreize schaffen. In einem tendenziell großen Gruppenraum ist es möglich, eine Fläche zum Spielen von Mobiliar und Spielzeug freizuhalten oder so zu gestalten, dass sie schnell freigeräumt werden kann. So können gemeinsame Bewegungsspiele ermöglicht und die Kinder zum selbstständigen Bewegen motiviert werden. Auch ein großer Flurbereich kann die Funktion einer Innenbewegungsfläche einnehmen. Hier spielt die richtige Gestaltung eine entscheidende Rolle. Schränke, Bänke und Garderoben sollten möglichst in Nischen oder Randbereichen angeordnet werden, um kein Hindernis darzustellen. Klare Nutzungszeiten durch festgelegte (Klein-)Gruppen und flexibles Material wie Schaumstoffobjekte, Matten, Sitzsäcke oder kleine Fahrzeuge bieten eine optimale Ausnutzung der Fläche. Das zur Verfügung stehende Material sollte möglichst wenige Vorgaben bieten, sodass es von den Kindern beliebig kombiniert werden kann, um Fantasie, Kraft und Motorik zu fördern. Entsprechend genutzt werden kann auch ein angrenzender Klassenraum. Hier muss jedoch darauf geachtet werden, dass die Einrichtung ein Bewegen ermöglicht und keine Gegenstände Schaden nehmen können.

261. Unser Gruppenraum befindet sich im Keller. Wie kann ich für genügend Licht sorgen?

Für eine optimale Raumnutzung im Keller ist das richtige Beleuchtungskonzept unerlässlich. Auch im Keller kann die richtige Beleuchtung einen angenehmen Raum schaffen und für die richtige Atmosphäre sorgen. Eine gleichmäßige Verteilung des Lichts vermeidet Schatten und dunkle Ecken. Verschiedene Beleuchtungszonen können bestimmte Bereiche betonen oder voneinander abgrenzen und so Ruhezonen, Arbeitszonen und Spielzonen schaffen. Vorhandene Fenster sollten freigehalten werden, um so viel natürliches Licht wie möglich in den Raum zu lassen. Helle und freundliche Farben an Decken und Wänden lassen den Raum heller und größer erscheinen. Pflanzen, Bilder und Dekoration bilden die Grundlage für eine ansprechende Atmosphäre. Schallabsorbierende Materialien wie Teppiche oder Vorhänge verbessern die Raumakustik und dämpfen die Lautstärke.

262. Unser Gruppenraum ist sehr lieblos eingerichtet. Darf ich Vorhänge aufhängen und Kissen/Decken verteilen?

Grundsätzlich ja. Hier gilt es die aktuellen Brandschutzbestimmungen zu beachten. Das Material und die Stoffe müssen entsprechend DIN 4102 oder DIN EN 13501-1 grundsätzlich schwer entflammbar oder aus nicht brennbarem Material hergestellt sein (Qualität B1), selbiges gilt auch für Polstermöbel und Vitrinen. Schwer entflammbar bedeutet, dass das entsprechende Produkt von sich aus nicht weiter brennen kann und daher als selbstlöschend deklariert wird.

Rechtsanspruch auf Ganztagsbetreuung

263. Welche Veränderungen treten mit dem Rechtsanspruch auf Betreuung ab 2026 in Kraft?

Ab 2026 sollen zunächst alle Grundschulkinder der ersten Klassenstufe einen Anspruch erhalten, ganztägig gefördert zu werden. Der Anspruch wird in den Folgejahren um je eine Klassenstufe ausgeweitet. Damit hat ab August 2029 jedes Grundschulkind der Klassenstufen eins bis vier einen Anspruch auf ein schulisches Ganztagsangebot in der Nähe des Wohnorts. Ob eine Ganztagsschule eingerichtet wird oder ob es z. B. Betreuungsangebote der Kommune oder von privaten Trägern gibt, hängt von den örtlichen Bedarfen und Möglichkeiten ab. Das Land bezuschusst Betreuungsangebote für Schülerinnen und Schüler

- im Rahmen der Verlässlichen Grundschule,
- in der flexiblen Nachmittagsbetreuung und
- an Horten/Horten an der Schule.

Keine Bezuschussung gibt es für Betreuungsangebote an Ganztagsschulen nach Paragraph 4a Schulgesetz sowie an Gemeinschaftsschulen. Das Ganztagsschulkonzept im Primarbereich (GTS § 4a SchG) sieht zwei Formen vor: Bei der verbindlichen Form nehmen alle Schüler der Schule am Ganztagsbetrieb teil, bei der Wahlform besteht die Möglichkeit der Teilnahme, d. h. an der Schule werden sowohl Schüler unterrichtet, welche am Ganztagsbetrieb teilnehmen als auch Schüler, welche nicht am Ganztagsbetrieb teilnehmen.

Für die Betreuungsangebote ist die Kommune zuständig. Dem Schulträger steht es frei, diese Angebote anzubieten, d. h. falls zusätzlich zur eingerichteten Ganztagsschule eine Betreuung gewünscht wird, hat der Schulträger bzw. die Kommune hierfür Sorge zu tragen.

Der Träger ist für das Personal in den Betreuungsangeboten zuständig. Das Land stellt keine zusätzlichen Anforderungen, die über die bisherigen Anforderungen an das Personal hinausgehen.

264. Welche Kosten kommen auf die Eltern zu?

Die Träger des jeweiligen Betreuungsangebots entscheiden, ob und in welcher Höhe Elternbeiträge für das jeweilige Betreuungsangebot erhoben werden.

Die Teilnahme am Ganztagsbetrieb im Rahmen des Besuchs einer Ganztagsschule ist kostenfrei, für das Mittagessen kann der Schulträger ein Entgelt erheben.

265. Welchen Umfang deckt die Betreuung im Rahmen des Rechtsanspruches ab?

Der Rechtsanspruch ist im Achten Sozialgesetzbuch (SGB VIII) geregelt und gibt folgenden Betreuungsumfang vor: 8 h an 5 Werktagen. Dabei wird die Unterrichtszeit angerechnet. Betreuungsangebote von Kommunen oder freien Trägern vor und nach dem Unterricht können angerechnet werden.

Der Rechtsanspruch gilt auch in den Ferien und regelt eine Schließzeit von maximal 4 Wochen. Es besteht jedoch keine Pflicht das Angebot in Anspruch zu nehmen.

Der Rechtsanspruch auf Ganztagsbetreuung für Grundschulkinder soll sowohl in Tageseinrichtungen wie Horten oder anderen Betreuungsangeboten als auch in offenen und gebundenen Ganztagsschulen erfüllt werden.

Resilienz

266. Was bedeutet Resilienz?

Als Resilienz bezeichnet man Kräfte, welche benötigt werden, um Belastungen und Stress besser auszuhalten. Oder anders gesagt, haben die Schüler diese nicht, entstehen schon bei kleinsten Anforderungen, z. B. dem Erledigen der Hausaufgaben, oder wenn ein anderer Schüler beleidigende Äußerungen teilt, Überforderungssituationen, welche nicht selten mit Verweigerung oder Aggressionen einhergehen.

267. Welche Resilienzfaktoren gibt es?

Als Resilienzfaktoren gelten jene Eigenschaften, welche ein Kind in der Interaktion mit der Umwelt und durch die erfolgreiche Bewältigung von alterspezifischen Entwicklungsaufgaben im Laufe seines Lebens erwirbt. Diese Faktoren spielen vor allem bei der Bewältigung von alltäglichen Aufgaben eine bedeutsame Rolle. Zu den Resilienzfaktoren zählen:

- die positive Selbstwahrnehmung: Sie sorgt für eine ganzheitliche und angemessene Wahrnehmung der eigenen Emotionen und Gedanken, wobei vorrangig die Selbstreflektion und das Sich-in-Beziehung-setzen zu anderen eine Rolle spielen.
- die Selbstwirksamkeitsüberzeugung: Besonders resiliente Kinder wissen um ihre Fähigkeiten und Stärken, sind selbstbewusst, wissen welche Strategien und Wege sie zu ihrem Ziel bringen, können diese auf beliebige andere Situationen übertragen und sind davon überzeugt, dass ihr Handeln auch etwas bewirkt.
- die angemessene Selbststeuerungsfähigkeit: Resiliente Kinder kennen Strategien zum Umgang mit Emotionen und verstehen es, Anforderungen zu meistern. Sie können ihre Gefühle kontrollieren und regulieren, wissen wo sie Hilfe bekommen und wie sie sich wieder beruhigen können.
- die sozialen Kompetenzen: Resiliente Kinder trauen sich, auf andere Menschen zuzugehen, Kontakte zu knüpfen, sie können sich in andere einzufühlen und Konflikte lösen.

- der allgemeine Umgang mit Stress: Resiliente Kinder können mit stressigen Situationen umgehen, diese bewältigen, sich Unterstützung suchen und kennen ihre Grenzen.
- die Problemlösefähigkeiten: Resiliente Kinder setzen sich realistische Ziele, trauen sich, Problemen zu begegnen und diese zu lösen und kennen die notwendigen Problemlösestrategien.

268. Was können wir besser, wenn wir eine starke Resilienz haben?

Haben wir eine starke Resilienz, dann haben wir Variablen, um Herausforderungen, Belastungssituation und Krisen zu handhaben. Sprich wir können angemessen und zielführend auf die jeweilige Situation reagieren. Wir verzweifeln nicht, sondern sehen immer noch Möglichkeiten zu handeln.

269. Wie können Schüler Resilienz aufbauen?

Schüler können ihre Resilienz stärken, indem wir ihnen helfen, folgende Faktoren, je nach Situation, anzusprechen und den Blick darauf zu richten.

- Akzeptanz: Das Annehmen dessen, was ist
- Optimismus: Eine positive Sicht auf die Welt
- Eigenverantwortung: Die eigenen Gefühle reflektieren und sich regulieren
- Lösungsorientierung: Lösungen suchen statt Probleme wälzen
- Zukunftsorientierung: Ziele setzen und erreichen
- Rollenklarheit: Die selbstgewählte Opferrolle verlassen
- Netzwerkorientierung: Das soziale Umfeld als Anker und Unterstützer

Wir können als Betreuungskräfte die Schüler unterstützen, Resilienz aufzubauen, indem wir sie loben, ihnen Mut zusprechen, auf Erfolge und Fähigkeiten hinwiesen und ihnen viel zu- und vertrauen.

Rituale

270. Welche Rolle spielen unterstützende Rituale im pädagogischen Kontext?

Rituale spielen eine zentrale Rolle, da sie den Kindern Sicherheit und Orientierung im Alltag bieten. Sie strukturieren den Tagesablauf, fördern das Gemeinschaftsgefühl und tragen somit zur sozialen und emotionalen Entwicklung bei.

271. Was sind die Vorteile von Ritualen?

Rituale sollen den Tag strukturieren helfen und Orientierung bieten, sie schaffen Verlässlichkeit. Alle können sich darauf einstellen, was kommt und was passiert. Dies lässt Kräfte und Energie frei, welche bewusst auf andere Dinge gerichtet werden können. Ist bekannt, was als nächstes passiert, so muss ich mir keine Gedanken machen, wie es weiter gehen soll.

272. Was sind die Nachteile von Ritualen?

Zu viele Rituale engen ein, lassen keinen Freiraum für Spontanes und sorgen für Langeweile. Rituale sollen nicht dazu führen, dass wir nicht mehr individuell reagieren können und z. B. mal die Hausaufgaben später machen und zuerst draußen spielen, damit sich die Kinder austoben können.

273. Welche Bedeutung haben Rituale in der verlässlichen Grundschule?

Rituale bieten Verlässlichkeit und Orientierung. Sie sorgen für ein geregeltes Miteinander und bieten somit eine Erleichterung für den Tagesablauf.

„Rituale sind für alle Teilnehmenden gleichartige Handlungsformen, durch deren Mitvollzug sie ihre Zugehörigkeit darstellen. Das Ritual stiftet einen gemeinsamen Bezugspunkt, der die Teilnehmenden als Einheit zusammenfasst. Ganz allgemein betrachtet sind Rituale besondere, sozial gestaltete, situative und aktionale Ausdrucksformen von Kultur. […] Vielmehr sind Rituale geschlossene Erlebnisse, die durch wiederholende Handlungen, einen erkennbaren szenischen Aufwand und eine Aufmerksamkeit für Details im Ablaufgeschehen wie auch der räumlichen Kontextgestaltung eines Rituals zum Ausdruck kommen" (vgl. Kaiser, 1000 Rituale für die Grundschule, S. 3).

Schulsozialarbeit

274. Welche Aufgaben hat die Schulsozialarbeit?

Die Schulsozialarbeit stellt eine Verbindung zwischen Schule und Jugendhilfe dar. Im Schulalltag werden nach Bedarf sozialpädagogische Projekte oder präventive Angebote durchgeführt, zudem kann in Krisensituationen schnell interveniert werden. Die Schulsozialarbeit dient als Ansprechpartner für Schüler, Lehrer und Eltern. Sie berät, unterstützt und vermittelt weitere Hilfen bei Bedarf.

275. Brauche ich für die Zusammenarbeit mit der Schulsozialarbeit auch eine Schweigepflichtentbindung?

Ja, sobald wir uns mit anderen Personen austauschen benötigen wir eine Schweigepflichtentbindung (siehe dazu auch Frage 280).

Ergänzende Information Die elektronische Version dieses Kapitels enthält Zusatzmaterial, auf das über folgenden Link zugegriffen werden kann [https://doi.org/10.1007/978-3-658-50731-2_19].

276. Wie kann mir die Schulsozialarbeit bei der Arbeit helfen?

Bei allen Fragen und Anliegen, welche unsere Zeit und Kompetenz im Betreuungsalltag übersteigt können wir Schüler und Eltern an die Schulsozialarbeit vermitteln. Sie kann uns bei schwierigen Gesprächen mit Lehrer, Schulleitung oder Eltern beraten und unterstützen.

Bei der Arbeit mit Schülern können wir sie bitten, ein Einzelgespräch zu führen oder bei übergeordneten Themen ein Klassentraining zu organisieren (z. B. zu den Themen Zusammenarbeit, Kommunikation, Sozialkompetenz, Selbstbewusstsein, Mobbing, usw.).

Schweigepflicht

277. Ein Lehrer fragt mich nach dem Verhalten eines bestimmten Kindes. Welche Auskunft darf ich geben?

Sofern die Schweigepflichtentbindung bei der Anmeldung des Schülers von den Erziehungsberechtigten unterschrieben wurde, steht dem Austausch mit den Lehrern nichts im Wege.

278. Ein Schüler erzählt mir von seinen schulischen Problemen. Darf ich mit meinen Kollegen darüber sprechen?

Ja, Sie können sich im gemeinsamen Gespräch austauschen. Hier kommen einem weitere Gedanken und Ideen zur Problemlage und Lösungsmöglichkeiten können erörtert werden.

279. Ein Kind erzählt mir, dass es zu Hause Gewalt erfährt. Wie muss ich vorgehen?

Bei Gewalt und dem Verdacht einer Kindeswohlgefährdung muss ich keine Punkte der Schweigepflicht beachten, da sie in diesem Fall außer Kraft gesetzt ist. Zum weiteren Vorgehen in diesem Fall siehe unter dem Stichwort „Kindeswohlgefährdung" Frage 165.

280. Die abholberechtigte Tante möchte wissen, wie sich Timo heute verhalten hat. Darf ich ihr eine Auskunft geben?

Leider nein. Aber wir können uns natürlich behelfen, indem wir z. B. Timo fragen: „Wie war es heute in der Betreuung?" oder „Hast du dich heute gut benommen?", um dann mit Nicken und Mimik zustimmen. Sollte das der Tante nicht ausreichen, können wir angeben, dass wir den Eltern gerne zu einem späteren Zeitpunkt Auskunft geben.

281. Die Schulsozialarbeiterin fragt nach einem Einzelgespräch mit Ole am Vortag nach meiner Einschätzung. Was darf ich ihr antworten?

Sofern die Schweigepflichtentbindung bei der Anmeldung von Ole von den Erziehungsberechtigten unterschrieben wurde, steht dem Austausch mit der Schulsozialarbeit nichts im Wege. Ansonsten geht dies nur im Verdachtsfall auf Kindeswohlgefährdung.

282. Die Schulleitung verlangt von mir, dass ich das Verhalten von Omar über einen gewissen Zeitraum protokollieren soll. Wie reagiere ich darauf?

Entscheidend ist, ob Sie dies als hilfreich erachten. Wenn ja, dann können Sie der Bitte gerne nachkommen. Sollten Sie keinen Mehrwert sehen, können Sie entgegnen, dass Sie das im Team oder mit der Teamleitung besprechen, um dort zu einem Ergebnis zu kommen und eine Entscheidung zu fällen.

Schweigepflichtentbindung

283. Was ist eine Schweigepflichtentbindung?

Eine Schweigepflichtentbindung entbindet mich von meiner Schweigepflicht gegenüber Dritten. Grundsätzlich darf ich mich nicht über konkrete Schüler mit anderen Personen austauschen, dies gilt auch für weiteres Personal in der Schule, wie z. B. Lehrer. Mit einer Entbindung der Schweigepflicht gestatten mir die

Erziehungsberechtigten (bis auf Widerruf), dass ich mich mit sogenannten Dritten über den Schüler austauschen darf. Diese dritten Personen müssen in der Schweigepflichtentbindung genau aufgeführt werden. Beispielhaft könnten dies sein: Lehrkräfte der Schule, die Schulsozialarbeit und bestimmte Netzwerkpartner vor Ort (Jugendhaus, Familienbüro, Beratungsstellen), die Gemeinde, die Stadt, der Träger.

284. Wie sieht eine Schweigepflichtentbindung aus?

Siehe dazu beispielhafte Vorlage im elektronischen Zusatzmaterial auf der Produktseite des Buches auf SpringerLink https://link.springer.com/9783658507305.

285. Wer muss sie wann unterschreiben?

Am einfachsten ist es, wenn die Schweigepflichtentbindung gleich mit der Anmeldung mit unterschrieben wird. Im Normalfall reicht die Unterschrift eines Erziehungsberechtigten. Sie kann auch durch den Satz ergänzt werden, dass der unterzeichnete Ehepartner den anderen darüber informiert und dessen Einverständnis als gegeben angesehen wird, sollte dieser nicht innerhalb einer Frist von vier Wochen widersprechen.

286. Wie lange ist eine Schweigepflichtentbindung gültig?

Die Schweigepflichtentbindung gilt für die Verweildauer in der Betreuung an der jeweiligen Schule und kann jederzeit widerrufen werden. Sie kann ergänzt werden mit dem Hinweis, dass sie nach dem Verlassen der Schule nach den aktuellen Gesetzesvorschriften des Datenschutzes vernichtet wird.

Sozialkompetenz

287. Was sind Sozialkompetenzen und welche gibt es?

Als Sozialkompetenzen werden Fähigkeiten verstanden, die es ermöglichen, effektiv und respektvoll mit anderen Menschen zu interagieren und zu kommunizieren.
12 wichtige Beispiele für ein harmonisches Miteinander in der Schule sind:

- Empathie
- Kritikfähigkeit
- Kommunikationsfähigkeit
- Toleranz
- Flexibilität
- gute Selbstwahrnehmung
- Selbstbewusstsein
- Zuverlässigkeit
- Verantwortungsbewusstsein
- Kooperationsbereitschaft
- Fairplay
- Wertschätzung/Respekt.

288. Wie lernen Schüler Sozialkompetenzen?

Um sozial angemessen zu kommunizieren und zu interagieren, sich also sozial zu verhalten, ist das Erkennen, Benennen und Deuten von Gefühlen und Emotionen unabdingbar. Um soziale Kompetenzen zu erlernen, kann es helfen, Gesprächssituationen zu schaffen, damit die Kinder lernen, zuzuhören, ihre Gefühle kundzutun, die Meinung anderer zu akzeptieren und zu respektieren, Kompromisse einzugehen, Gesprächsregeln zu verstehen, mit Konflikten umzugehen und diese auch zu lösen. Auch Rollenspiele oder Materialien wie Bildkarten können helfen sich und andere besser verstehen zu lernen.

Spielzeit

289. Wir haben wenig Zeit zum Spielen, was sind Argumente dafür?

Nach dem Reformpädagogen Peter Petersen ist Spielen eines der vier Grundmethoden des Lernens (die anderen drei sind Feiern, Arbeiten, Sprechen). Aus dieser Sicht wäre es fahrlässig, spielen nicht als Möglichkeit des Lernens anzubieten. Am besten als freies und kreatives Spielen. Sprich die Schüler suchen sich ihr Spiel selbst aus und nicht alle müssen das Gleiche spielen und oder spielen etwas Freies – ohne fest vorgegebene Regeln und Abläufe – ein Lager bauen, ein Blumenbeet anlegen, kreatives Malen und Basteln – ohne Muster, Vorlagen und einem definierten Arbeitsauftrag.

Systemisches Arbeiten

290. Was sind die Eckpfeiler der systemischen Haltung?

Der systemische Ansatz etablierte sich zunächst seit der Mitte des letzten Jahrhunderts als eine Art „Familientherapie", fand aber schon sehr bald auch Anwendung in nicht familienspezifischen Kontexten, wie im Erziehungs- und Sozialwesen in der Kindertherapie oder in der sozialen Arbeit. Ein System definiert sich zum einen über die Abgrenzung zu seiner Umwelt und die Fähigkeit sich durch eigenes Handeln hervorzuheben, zum anderen über seine Grenzen und interne Muster, über externe Kontexte (Umwelten) und die Möglichkeit sich mit anderen Systemen zu verbinden (Kopplung). In Bezug auf das Thema Schule ist das System Schule als mehr zu sehen als die Gesamtheit der Schüler und Lehrer. Das System beinhaltet das Kollegium, die Eltern, die Kinder und Jugendlichen und auch die gesamte Schule als Institution. Im System des einzelnen Kindes kommen dann weitere Institutionen, welche im Leben des Schülers eine Rolle spielen (z. B. der Sportverein) und weitere Bezugspersonen (z. B. die Großeltern) dazu.

291. Wie zeigt sich systemisches Arbeiten im Schulkontext?

Mit einem systemischen Blick auf den Kontext Schule wird die Bedeutung von Zusammenhängen in den Vordergrund gestellt. Im aktuellen Schulsystem spielen die institutionellen Rahmenbedingungen eine vordergründige Rolle und es obliegt der Betreuungskraft sich mit Funktionen, Mustern, Strukturen und Widersprüchen des Systems Schule vertraut zu machen. Eine erfolgversprechende Arbeit kann nur dann möglich sein, wenn Lehrer, Betreuer, Schüler, Eltern, Bildungssystem und Gesellschaft aktiv gestaltend und effektiv an diesem System teilhaben. Die wissenschaftlichen Ansätze für individuelle Lösungskonzepte und visionäre Lernkulturgestaltung folgen dabei dem Ansatz, dass all das gut und einfach gelingt, was mit Freude angegangen wird. Um dieser Herausforderung gerecht zu werden ist eine Denkhaltung nötig, welche in der heutigen Zeit des steten Wandels ein kontinuierliches Fortschreiten und Mithalten ermöglicht. Der Problemlöser und Systemgestalter wird somit zum Systemverbesserer und Systementwickler, nur so kann das Strukturproblem der Schule behandelt und die thematisierten Konzepte und Visionen entfaltet und lebendig gestaltet werden.

Der Spaß an der Schule leidet unter ihrem Zwangscharakter und dem Fakt, dass viele schulische Inhalte nur noch wenig auf das Leben vorbereiten. Schule soll ein

Ort sein, an welchem die Schüler ihr Lernpotenzial ausgehend von Fähigkeit und Motivation entfalten können und dies im Sinne eines nachhaltigen und lebendigen Lernens, anstelle der klassischen Instruktionsmethodik und unter den Gesichtspunkten von Kompetenzen und Kompetenzentwicklung, Gestaltungsbedingungen und Lernkultur. Eine systemische Schulentwicklung muss verschiedene Dimensionen berücksichtigen, wie Organisation, Personal, Unterricht und Erziehung, welche die Einzelpersonen (Schüler, Lehrer, Betreuer, Eltern) mit der Schule als Institution im Kontext des Bildungssystems verknüpfen.

292. Wie kann systemisches Denken und Handeln den Betreuungsalltag erleichtern?

Wie kann nun systemisches Denken und Handeln in den Schul- und Betreuungsalltag integriert werden? Innerhalb des Systems der Schule kann der systemische Ansatz auf vielen Ebenen und auf vielfältige Art und Weise zur Anwendung kommen. Da in den letzten Jahren die Beratung von Eltern und Schülern zu einem wichtigen Aufgabengebiet geworden ist, kann die systemische Beratung an der Schule zum Einsatz kommen. Diese Art der Beratung bietet die Chance, die Zusammenarbeit zwischen Betreuungskraft, Schüler und Elternhaus und damit auch die schulische Entwicklung des Kindes zu verbessern. Die Beratungssituationen an der Schule sind vielfältig. Sie reichen von Schülergesprächen und Elternsprechtagen bis hin zu vereinbarten Gesprächsterminen mit den Eltern und gegebenenfalls auch den Schülern. Ebenso variieren die Thematiken der Beratungsgespräche und können, gerade wenn es um den Schulwechsel, Förderprogramme oder Lernschwächen geht, auch einen bedeutsamen Stellenwert haben. Schule, Familie und Freunde (peer group) zählen zur Lebensumwelt des Schülers und tragen damit den Erziehungs- und Bildungsauftrag, welcher nur durch gute Kooperation und Kommunikation erfüllt werden kann. Oftmals hat sich eine Problematik bereits verfestigt, wenn es zu einem Beratungsgespräch kommt oder die Gesprächssituation gestaltet sich schwierig, gerade, wenn Sichtweise und Erwartungen der Beteiligten auseinander gehen. Bei der Vorbereitung kann in solch einem Fall helfen, sich Gedanken zu machen, über den Konflikt an sich, die Erwartungen und Ziele und die Gesprächsteilnehmer und ihre persönlichen Befindlichkeiten. Das systemische Denken und Handeln kann Methoden und Beratungstechniken liefern, um die Betreuungskraft in ihren unterschiedlichen Rollen und Funktionen zu unterstützen, aber auch um im schulischen Kontext Unterstützung, Förderung und Beratung bieten zu können. Innerhalb eines bestehenden Systems kommt es immer wieder zu festgefahrenen Situationen oder Strukturen, zu Organisationsformen, welche unflexibel und statisch und wenig erfreulich sind. Meist sind dies die Ergebnisse von Versuchen, etwas zu verbessern, nur um dann letztendlich wieder neue Regeln und Vorschriften aufgestellt zu haben. An solch einem Ausgangspunkt kann das systemisch-konstruktivistische Denken und Handeln einen Ausweg aus dem kausalen-linearen Denken bieten. Das systemische Denken sucht nicht nach einem Auslöser oder einer Ursache, es betrachtet das Zusammenwirken der Beteiligten innerhalb der Problemkonstruktion. Der Ansatz weist auch darauf hin, dass eine Veränderung (Verbesserung) nur gelingen kann, wenn alle Bereiche des Systems beachtet werden und sich dem gegenseitigen Einfluss bewusst sind. Ist das System „festgefahren", so wird es schwierig, an nur einer Stelle etwas zu verändern, um dann eine entscheidende Entwicklung zu erwarten.

293. Was ist systemische Gesprächsführung?

In Hinblick auf die systemische Arbeit können verschiedene Gesprächsführungstechniken eingesetzt werden, welche vor allem in schwierigen Situationen (z. B., wenn Eltern weinen, aggressiv sind, schweigen, sich beschweren, nicht die Wahrheit sagen oder ohne Unterlass reden) hilfreich sind. Hier kann die beratende Person auf Metakommunikation, zirkuläres Fragen, Ich-Botschaften, Wunderfragen oder Ausnahmen von Problemen zurückgreifen. Die zentralen Punkte sind das Hineinversetzen in den Gesprächspartner, der richtige Umgang mit Kritik und das Setzen des Fokus auf das Finden von Lösungen.

294. Was macht den systemischen Blick aus?

Betreuer- und Schülerverhalten und Betreuer-Schülerkommunikation sind auch nicht zu vernachlässigende Aspekte hinsichtlich des systemischen Denkens und Handelns an der Schule. Beziehungsgestaltung und Begleitung sind in Zeiten eines sich immer weiter ausdifferenzierenden pädagogischen Arbeitsfeldes wichtiger geworden. Der Schwerpunkt des systemischen Ansatzes liegt auf der reflexiven Sicht, dem Nachdenken über sich selbst und dem Bewusstwerden des eigenen Handelns. Es gilt eine Außenperspektive auf sich und die Situation zu gewinnen und auch den Kontext zu erfassen. Aus systemischer Sicht basieren Schulprobleme oftmals auf der Familiensituation. Als Berater sollte der Betreuer sich allparteilich verhalten und zur Stabilisierung der Ich-Identität des Schülers beitragen. Aber auch die Betreuerkooperation, kooperative Arbeitsweisen und Teamarbeit fördern Schulentwicklung und -qualität. Das Betreuungsklima ist aus systemischer Sicht das Ergebnis von Kommunikation und Kommunikationsregeln, die sich in den sozialen Gruppierungen der Schule gebildet haben. Eine Selbstreflexion innerhalb der Gruppe, innerhalb des Kollegiums als Form der Intervision muss unter dem systemischen Aspekt Beachtung finden. Es gilt einen Austausch auf Augenhöhe, ohne das Übertreten von Grenzen, ohne das Übernehmen von zu viel Verantwortung (Missbrauch an einem selbst) und ohne das Herstellen von zu viel Nähe (Missbrauch an anderen) zu erreichen.

In Bezug auf eine Lösungs- und Ressourcenorientierung ist es wichtig, zu vermitteln, dass ein Problem grundsätzlich lösbar ist. Hier sollte innerhalb des Systems Schule Verantwortung an den Schüler übertragen werden, sodass dieser selbstständig zu einer Lösung auf Handlungsebene findet und seine Fähigkeiten nutzt. Das Verlassen des Problemraums, das Öffnen des Denk- und Handlungsspielraums und das Nutzen der vorhandenen Ressourcen bewirken individuelle und interaktive Veränderungen. Ressourcenorientiert arbeiten setzt voraus, dafür sorgen zu können, dass es einem gut geht und mit seinen Fähigkeiten in Kontakt zu bleiben. Nach systemischer Auffassung sind Probleme so lange unlösbar, solange die vorhandenen Ressourcen ausgeblendet sind, weshalb durch systemisch-lösungsorientiertes Handeln ein Zugang zu eben diesen Lösungsressourcen verschafft werden muss. Vor allem bei typischen Schülerproblemen kann die lösungsorientierte Arbeit sinnvoll sein. Hierzu zählen zum Beispiel das Überwinden von (Prüfungs-) Ängsten oder Ängsten bei der mündlichen Mitarbeit, aber auch Trennungsängste, Konzentrationsfähigkeit, Lernmotivation und Hausaufgaben, Aufmerksamkeitsdefizite, Schule schwänzen und Scheidungskinder seien hier erwähnt, bis hin zu Mobbing, Gewalt und Suizidgefahr. Bei Lernschwierigkeiten und Verhaltensauffälligkeiten ist der systemische Ansatz hilfreich, da er den Kontext des Verhaltens berücksichtigt und untersucht.

295. Welche Grenzen bringt das systemische Denken und Handeln mit sich?

Der systemische Blick auf die Institution Schule bringt einige Problemfaktoren mit sich, welche sich in der Interaktion zwischen den Beteiligten (Lehrer, Betreuer, Schüler, Eltern) äußert. Lernen und Pädagogik sind nach dem systemisch-konstruktivistischen Ansatz in Kontexte eingebunden. Der systemische Ansatz ersucht eine Begegnung auf Augenhöhe innerhalb der Kommunikation der beteiligten Personen. Es geht darum, das Vertrauen der Kinder zu gewinnen, indem die Betreuungskraft sich selbst öffnet und transparent, gleichwertig, vertrauensvoll, lebendig, tolerant, neugierig, selbstreflexiv-selbstverantwortlich gegenüber den Kindern zeigt. Auch die Verbindung zwischen Betreuungskräften und Schülern gestaltet sich angesichts der Pluralisierung der Erziehungsideen immer schwieriger. Eine innerlich stimmige Präsenz wäre für die Entwicklung des Kindes wichtig, wie oft aber fühlen sich Eltern und auch Kinder kontrolliert oder bevormundet.

296. Welche Dimensionen muss eine systemische Schulentwicklung berücksichtigen?

Gesellschaft, Familie und Werte haben sich in den letzten Jahrzehnten stark gewandelt und damit auch die Vorstellungen von Erziehung. Da diese Aspekte die Kommunikation aller Beteiligten prägen, wird auch die Gesprächsführung, Kommunikation und Kooperation an den Schulen wichtiger.

Da Wahrheitskriterien nicht verlässlich feststellbar sind, kann aus systemischer Sicht ein richtiges Handeln nicht möglich sein und auch die Korrektheit pädagogischen Handelns ist, konstruktivistisch betrachtet, subjektiv. Dies erfordert, das Handeln immer mehr auf eigene Impulse auszurichten und nicht nach Vorgaben anderer Menschen, Erziehungsprogramme oder Institutionen zu handeln. Für Betreuungskräfte, ebenso wie für Eltern, wird es immer bedeutsamer, stimmiges Interesse am Kind zu zeigen und dabei sowohl unterstützend und Grenzen aufzeigend als auch ermutigend und Selbstständigkeit fördernd zu handeln. Das Lernen als lebensdienliche Funktion in lebensweltlichen Kontexten muss erlebnisreich und projektartig gestaltet werden und ohne die Strukturdeterminiertheit des Lernens zu vernachlässigen. Lernen und Leben sind eng miteinander verknüpft, um dies auch freudvoll und lehrreich zu gestalten, gilt es den Lernort (Schule) als Lernsystem zu betrachten und Konstruktionsmethoden vor Instruktionsmethoden zu stellen.

Tagesablauf

297. Müssen wir auch eine Frühbetreuung anbieten?

Eine Frühbetreuung wird in der Regel bedarfsorientiert angeboten. Dabei obliegt es dem Träger festzulegen, ab welcher Anmeldezahl eine Frühbetreuung angeboten wird. Das gleiche gilt auch für die Festlegung der Uhrzeit. Nicht selten hängt es auch davon ab, ob für die Frühbetreuung Personal gefunden wird.

298. Unsere Betreuung endet um 16 Uhr, was mache ich, wenn immer wieder die gleichen Eltern zu spät zum Abholen kommen?

Verspätetes Abholen wird zunehmend zu einem Problem. Da hier viele Erinnerungen und Gespräche mit Eltern zu keiner Verbesserung geführt haben, sind viele Träger dazu übergegangen, für verspätetes Abholen einen Gebührenbescheid zu verschicken. Dazu muss eine entsprechende Änderung oder Ergänzung im Betreuungsvertrag und der Benutzerordnung vorgenommen werden, sollte dieses Vorgehen neu eingeführt werden (siehe dazu auch Frage 235).

Ergänzende Information Die elektronische Version dieses Kapitels enthält Zusatzmaterial, auf das über folgenden Link zugegriffen werden kann [https://doi.org/10.1007/978-3-658-50731-2_20].

299. Muss ich länger bleiben, wenn Kinder noch nicht abgeholt sind?

Nein. Im Betreuungsvertrag sollte dies auch ausdrücklich festgehalten werden. Mit dem dort festgelegten Ende der Betreuung endet auch die Aufsichtspflicht. Die Kinder können dann auf dem Pausenhof oder an der Bushaltestelle warten.

300. Ständig werden wir angerufen und sollen die Schüler zu allen möglichen Uhrzeiten nach Hause oder zum Parkplatz zum Abholen schicken, wie können wir das ändern?

Legen Sie verbindliche Abholzeiten fest, z. B. nach dem Freispiel, nach dem Mittagessen und nach den Hausaufgaben. Nur zu diesen Zeiten können Schüler abgeholt und nach Hause geschickt werden. In der Konzeption kann dann beispielsweise folgender Text stehen: „Bitte haben Sie Verständnis, dass wir die Kinder nur zu den unten angegebenen Uhrzeiten aus der Betreuung entlassen können. Wir möchten die Schüler vor Ort gut betreuen und nicht mit dem Telefon den ganzen Mittag durchs Gebäude rennen und Schüler suchen. Bitte planen Sie deshalb Geburtstagsfeiern und Arztbesuche im Vorfeld und melden ihr Kind spätestens 24 h vorher schriftlich ab."

301. Wie kann die Hausaufgabenzeit gelungen in den Tagesablauf integriert werden?

Die verschiedenen Bedürfnisse der Kinder erfordern eine entsprechende individuelle Herangehensweise an die Gestaltung der Hausaufgabenzeit. Daher sollte, wenn möglich darauf geachtet werden, dass die Hausaufgaben den nötigen Freiraum bieten, um allen Kindern gerecht zu werden. Manches Kind möchte die Hausaufgaben gern schnellstmöglich erledigen, andere brauchen länger, benötigen mehr Unterstützung oder möchten die Hausaufgaben am liebsten gar nicht machen. Verschiedene Gruppen können diesen verschiedenen Kindern gerechter werden. Auch ein differenziertes räumliches Angebot kommt vielen Kindern entgegen. Manche Kinder arbeiten lieber im Stehen oder Liegen, manchen kann ein Klemmbrett und die damit verbundene Flexibilität die Arbeit erleichtern. Kopfhörer oder auch Musik sorgen bei einigen Kindern für die nötige Ruhe und Konzentrationsbereitschaft. Klare Regeln sollten dabei immer gelten, um den nötigen Rahmen vorzugeben. Seien Sie ansonsten aber kreativ und flexibel, das erleichtert Ihnen und den Kindern den Ablauf der Hausaufgabenzeit.

302. Wie kann der Tagesablauf an die Bedürfnisse der Kinder ausgerichtet werden?

Wichtig bei der Gestaltung des Tagesablaufes ist es, diesen möglichst flexibel zu gestalten und dabei dennoch wiederkehrende Strukturen einzuhalten, die den Kindern einerseits Orientierung und Sicherheit bieten, andererseits aber auch Spielraum für ihre individuellen Bedürfnisse lassen. Freispielzeit, gemeinsame (AG-) Angebote, Mittagessens- und Hausaufgabenzeit sollten sich abwechseln und gut ineinander übergreifen. Je flexibler die einzelnen Bausteine aufgebaut sind, desto mehr können die individuellen Bedürfnisse der Kinder Beachtung finden. Gibt es feste Bausteine können diese flexibel in den Tagesablauf integriert werden und bieten dennoch einen roten Faden zur Orientierung.

Team

303. Sollten wir regelmäßige Teambesprechungen machen?

Regelmäßige Teambesprechung helfen, die eigene Arbeit noch besser zu machen. Sie bieten Raum und Zeit, sich über Termine etc. auszutauschen, über aktuelle Herausforderungen zu sprechen, Lösungen zu suchen und gemeinsame Vorgehensweisen festzulegen.

304. Viele Kollegen im Team arbeiten an unterschiedlichen Tagen und Zeiten, ist die Teambesprechung Arbeitszeit?

Teambesprechungen sollten immer Arbeitszeit sein. Sollte dies bei Ihnen nicht der Fall sein, dann sprechen Sie es mit den oben genannten Argumenten an. Sollten Bedenken bestehen, dass diese Stunden genehmigt werden, kann es taktisch klug sein, auch nach einer Supervision zu fragen. Fragen Sie bei Ihrem Träger nach festen Zeiten für Teambesprechungen und Supervisionen, so steigen die Chancen, dass zumindest die Arbeitszeit für Teambesprechungen genehmigt wird. Im besten Fall finden Sie einen Kompromiss und legen in einem festgelegten Rhythmus Stunden für eine Teambesprechung fest, die dann auch angerechnet werden (z. B. alle drei Wochen zwei Stunden).

Träger

305. Unser Ansprechpartner von der Gemeinde/Stadt kennt unsere tägliche Arbeit gar nicht, was können wir machen?

Der Ansprechpartner sollte Ihre Arbeit und Ihre Rahmenbedingungen kennen(lernen). Nur wenn er ein Bild von uns, unserer Arbeit und den Gegebenheiten vor Ort hat, kann er diese beurteilen und unsere Anliegen und Wünsche, welche immer die der Kinder sind, verstehen und nach Lösungsmöglichkeiten suchen. Laden Sie dazu den Ansprechpartner ein, sich die Betreuung einmal live anzusehen und beginnend mit dem Mittagessen dabei zu sein. Sollte er auf wiederholte Einladungen nicht reagieren, können auch die Kinder eine schriftliche Einladung senden, welche von allen unterschrieben wird. Hier kann auch eine Begründung beigefügt werden: Wir würden uns freuen, wenn Sie sich ein Bild vom Angebot machen, denn wir haben nicht genügend Platz für alle Kinder für die Hausaufgaben, uns fehlt ein Ruhe-Raum, für den Pausenhof haben wir viel zu wenig Spielgeräte etc.

Alternativ können auch immer der Elternbeirat oder die Eltern mit eingebunden werden. Für ihre Kinder soll ja schlussendlich eine gute Betreuung angeboten werden.

306. Wie sieht eine gute Zusammenarbeit mit dem Träger aus?

Eine gute Zusammenarbeit zeichnet sich durch folgende Punkte aus:

- Sicherstellung einer reibungslosen Kommunikation
- klare Richtlinien
- der Träger gibt mir das Gefühl, dass er hinter mir steht
- der Träger kennt die Schule, die Räumlichkeiten, unseren Tagesablauf und das Personal
- der Träger unterstützt mich bei Fragen und Problemen

- im Umgang mit herausfordernden Kindern und Eltern steht mir der Träger während Gesprächen vor Ort zur Seite
- ich weiß, welches Budget uns für die Betreuung zur Verfügung steht und wie ich dieses entsprechend beantragen kann
- der Träger stellt mir benötigte Informationen und Arbeitsmaterialien zur Verfügung.

Transaktionsanalyse

307. Was ist die Transaktionsanalyse?

Die Transaktionsanalyse (TA) ist eine umfangreiche Theorie der Persönlichkeitsstruktur, der zwischenmenschlichen Kommunikation und des zwischenmenschlichen Verhaltens und wurde von Eric Berne entwickelt. Während der Kommunikation (hier Transaktion genannt) werden sogenannte Kommunikationseinheiten zwischen zwei Menschen ausgetauscht (also transferiert). Dabei geht es um den Austausch zwischen Menschen und ihrer Umwelt sowohl verbal als auch nonverbal. Die Transaktionsanalyse dient als Modell zum Beobachten, Beschreiben und Verstehen der Persönlichkeiten und Beziehungen zwischen den Beteiligten. Sie soll uns also helfen, das Verhalten von Schülern und Lehrer besser zu verstehen und im Idealfall besser zu reagieren. Die Art und Weise der Kommunikation ist nach Eric Berne abhängig von der jeweiligen Persönlichkeitsstruktur, welche er in drei mögliche Phasen (Zustände) unterteilt. Je nachdem in welcher Phase sich jemand befindet, werden dessen Gedanken, Gefühle und Verhalten beeinflusst. Diese drei Zustände nennt Eric Berne

- Eltern-Ich: hier stehen Normen und Werte im Vordergrund und es können zwei Ausprägungen unterschieden werden: kritisches Eltern Ich: korrigierendes, zurechtweisendes Verhalten oder fürsorgliches Eltern Ich: bevormundendes, umsorgendes Verhalten.
- Kind-Ich: hier stehen die eigenen Wünsche und Bedürfnisse im Vordergrund. Es werden drei Ausprägungen unterschieden: freies Kind Ich: spontanes, phantasievolles, kreatives und energiegeladenes Verhalten; angepasstes Kind Ich: unsicheres, regelgehorsames, ängstliches Verhalten oder rebellisches Kind Ich: trotziges, aufbrausendes, Grenzen überschreitendes Verhalten
- Erwachsenen-Ich: hier handelt man der Situation angemessen, reflektiert und sachlich

308. Was nützt mir die Transaktionsanalyse in der Betreuung?

Wie alle anderen Theorien aus Pädagogik und Psychologie kann sie unser Hintergrundwissen erweitern. Sie soll uns helfen, besser zu verstehen, warum Menschen so fühlen, denken und sich so verhalten, wie sie es eben tun und wie wir sprechen (und damit handeln) und wie andere es machen (z. B. zwei streitende Kinder). Durch eine Analyse der Situation kann ich Muster (sich wiederholendes Verhalten) erkennen, einordnen und so reagieren, dass ich ein Ziel erreichen kann und einen Schritt weiterkomme. Z. B. dass die zwei Kinder aufhören zu streiten und wir gemeinsam eine Lösung erarbeiten können.

U

Übergänge

309. Was wird unter Übergängen verstanden?

Mit dem Übergang vom Kindergarten in die Grundschule beginnt für jedes Kind ein neuer Abschnitt in einer unbekannten Institution, der sehr individuell wahrgenommen wird und an dem Kinder wachsen. Der Übergang in die Schule ist von großer Bedeutung für den weiteren Bildungsverlauf des Kindes. Darüber hinaus unterstützen eine positive Bildungs- und Erziehungspartnerschaft mit den Eltern sowie eine enge Kooperation zwischen Kindertageseinrichtung und Grundschule den Übergang in die Schule. Jeder Mensch durchläuft während seines Lebens eine Vielzahl an Übergängen, welche neben dem Abschied von Vertrautem auch den Umgang mit Neuem ermöglichen. Grundsätzlich definieren sich Übergänge als Lebensereignisse, die den gleichmäßigen Verlauf des Lebens unterbrechen und zu Umbrüchen führen, bei deren Bewältigung entscheidende Erfahrungen gemacht und das Lernen angeregt werden.

Während dieses durchaus langfristigen Verlaufs verändern sich nicht nur die beteiligten Kinder, sondern auch ihre Eltern und auch die pädagogischen Fachkräfte haben als agierende Menschen Anteil an diesem Veränderungsprozess. Der

Ergänzende Information Die elektronische Version dieses Kapitels enthält Zusatzmaterial, auf das über folgenden Link zugegriffen werden kann [https://doi.org/10.1007/978-3-658-50731-2_21].

Übergang zwischen den verschiedenen Bildungseinrichtungen, wie beispielsweise vom Kindergarten in die Grundschule, zählt zu den wichtigsten Übergängen und wird von den Fach- und Lehrkräften sowie von den Eltern und Betreuungskräften begleitet. Nur durch Beteiligung aller betroffenen Personen, durch Kommunikation und Kooperation, kann ein Übergang erfolgreich bewältigt werden.

310. Welche Bedeutung hat der Übergang vom Kindergarten in die Grundschule?

Welche Bedeutung Übergänge für den Einzelnen haben, ergibt sich aus den Anforderungen, welche sich an die Person und ihr individuelles Umfeld stellen. Ein Übergang als Verbindungsstelle zwischen einzelnen Lebensphasen, bringt bedeutsame Veränderungen mit sich und kann sowohl Chancen als auch Risiken bergen. Die Kompetenz, Übergänge zu bewältigen, wird im Laufe des Lebens erworben und ist abhängig von der Erfahrung und Unterstützung bisher bewältigter Übergänge. Inwieweit ein Übergang erfolgreich gemeistert werden kann, ist somit davon anhängig, wie der Einzelne mit der Situation umgeht und wie sich die Unterstützung des sozialen Umfelds und der beteiligten Fachkräfte gestaltet.

Im Hinblick auf den Übergang zwischen Kindergarten und Grundschule stellt der Übergang einen grundlegenden institutionellen Systemwechsel der Bildungsinstanzen dar, in welchem das Kind neben dem Wechsel von einer spiel- in eine lernzentrierte Umwelt, auch eine Raum- und Zeitstrukturveränderung und ein anderes pädagogisches System zu verarbeiten hat. Problemfelder sind vor allem die scharfe institutionelle und strukturelle Trennung zwischen Elementar- und Primarbereich, die wenig entwickelte Lernkultur mit wenigen Differenzierungs- oder Individualisierungsmöglichkeiten, oftmals das Festhalten am traditionellen Bildungsbegriff und eine mangelhafte diagnostische Kompetenz des pädagogischen Fachpersonals.

311. Welche Möglichkeiten gibt es, Übergänge gelungen zu gestalten?

Ein gelungener Übergang bedarf der Kooperation aller beteiligten Akteure, der Eltern, der Frühpädagogen, der Betreuungskräfte und der Lehrer. Ersichtlich ist, dass je besser die Kommunikation und der Informationsaustausch verläuft und je eher sich alle Akteure gleichberechtigt akzeptieren, umso eher die Bildungsunterstützung, der fließende Übergang und die Anschlussfähigkeit gewährleistet sind.

Kommunikation, Koordination und Kooperation sind die wichtigsten Aspekte für die Begleitung eines gelungenen Übergangs. Der Besuch von Kindergartenkindern in der Schule erfasst bereichsspezifische Kompetenzen, bereitet auf die erste Begegnung mit der Schule vor und ermöglicht in gemeinsamer Verantwortung der Fachkräfte eine gezielte Förderung. Die Kooperation von Kindergarten und Grundschule kann so verbessert und verbindliche gemeinsame Zielsetzungen erreicht werden.

In allen betrachteten Fällen ist es vor allem die Elternarbeit, welcher mehr Beachtung geschenkt werden sollte. Ein positives Miteinander und eine ressourcenorientierte Sichtweise von Eltern und Bildungsinstitutionen trägt zu einem bildungsfreundlichen Klima und einer erfolgreichen Kooperation bei. Die arbeitsteilige Durchführung von Kooperationsmaßnahmen, der Austausch von Informationen und die kokonstruktive Vorbereitung und Gestaltung von Kooperationsmaßnahmen garantieren, dass sich die Eltern wichtiger und informierter fühlen und damit positive Auswirkungen auf die (Leistungs-)Entwicklung der Kinder haben. Elternabende sind sehr wichtig, um die Eltern zu integrieren und aufkommende Fragen zu klären. Hierzu zählen zum Beispiel die Frage nach der Schulfähigkeit, nach der örtlichen Situation aber auch Bedenken zu geforderten Lerninhalten und zur Unterstützung.

312. Was sind gelingende Übergänge in der Ganztagsbetreuung?

Übergängen wird in Bildungsbiographien eine besondere Bedeutung zuteil und die Gestaltung dieser Übergänge stellt einen bedeutsamen Faktor bei der Sicherstellung von Chancengerechtigkeit dar. Ein Übergang in die Schule gelingt dann gut, wenn sich die Kinder geborgen und wertgeschätzt fühlen. Dazu soll die verlässliche Grundschule ihren Beitrag leisten, da sie sicherstellt, dass es nach dem Unterricht ein Betreuungsangebot für die Schüler gibt. Dort sollen sinnvolle, spielerische und freizeitbezogene Aktivitäten durchgeführt werden. Die Betreuung nimmt dabei soweit wie möglich auf die Herkunft der Kinder und ihre sozialen, weltanschaulichen, religiösen und sprachlichen Gegebenheiten Rücksicht.

V

Verhaltensauffälligkeiten

313. Wie kann ich Verhaltensauffälligkeiten besser verstehen?

Wie bei allen Auffälligkeiten starten wir mit einer Analyse der Situation. Wir stellen uns dabei ganz viele Fragen, um zu einem möglichst genauen Bild zu kommen, z. B. seit wann zeigt der Schüler dieses Verhalten? In welchen Abständen tritt dieses Verhalten auf? Macht er dies auch am Vormittag, in bestimmten Situationen, an bestimmten Tagen? Ging es ihm vorher schlecht und anschließend besser? Wurde mit ihm schon darüber gesprochen? Wurde darüber schon mit Lehrern und oder den Eltern gesprochen? Zeigt ein Schüler Verhaltensauffälligkeiten, so versucht er (auf eine andere Art und Weise als die anderen Schüler) ein Problem zu lösen. Da es ihm in der Regel nicht alleine gelingt, sucht er alternative Lösungswege, um Aufmerksamkeit (durch Erwachsene) zu bekommen oder sein Ziel zu erreichen.

Ergänzende Information Die elektronische Version dieses Kapitels enthält Zusatzmaterial, auf das über folgenden Link zugegriffen werden kann [https://doi.org/10.1007/978-3-658-50731-2_22].

314. Wie gehe ich grundsätzlich mit Verhaltensauffälligkeiten um?

Verhaltensauffällig ist ein Schüler dann, wenn er sich anders als die anderen Schüler verhält oder nicht regel-, werte- oder erwartungskonform. Mit innerer Gelassenheit frage ich mich also zunächst, wer sieht ein Problem und wer hat ein Problem damit?

Oft kommen Lehrer und sagen, dass die aktuelle Situation ganz schlimm sei und es dringend besser werden sollte. Timo ist im Unterricht so abgelenkt und hat dann am nächsten Tag viele Matheaufgaben falsch gemacht.

Wer sieht hier ein Problem? Sollte der Schüler kein Problem sehen, wird es für Dritte besonders schwierig, etwas zu verändern. Zeigt ein Schüler kein anderes Verhalten, gilt es zu hinterfragen, warum dem so ist und was sich dahinter tatsächlich verbirgt. In der Regel müssen dann nicht selten schwerwiegendere Probleme gelöst werden, um das Thema „Hausaufgaben" oder „Mitarbeit im Unterricht" in der Prioritätenliste des Schülers wieder nach oben zu rücken. Um dies zu erreichen, bedarf es Zeit, Geduld und einer guten Zusammenarbeit aller Beteiligten. „Schnell, schnell" funktioniert in diesem Fall äußerst selten und die Betreuungskraft muss aufpassen, dass das geschilderte Problem und all die Auffälligkeiten, die es mit sich bringt, nicht einfach bei ihr „abgeladen" werden.

315. Maximilian hält sich wiederholt nicht an die Regeln. Wie kann ich vorgehen?

Sprechen Sie in Ruhe mit Maximilian über sein Verhalten und die Notwendigkeit von Regeln. In Ruhe bedeutet, nicht in der Situation selbst, sondern am nächsten Tag, ohne Eile und ohne Zuhörer. Um nicht gleich zu Beginn auf Abwehrhaltung und Blockade zu stoßen (der X hat aber auch, er hat zuerst usw.), können Sie mit Fragen beginnen. „Wie war es gestern in der Betreuung? Was war gut/schlecht? Gab es Ärger? Wie hast du dich dann verhalten? Wie willst du es beim nächsten mal versuchen?" So hat Maximilian Zeit über die Situation nachzudenken. Vielleicht erfahren Sie auch, was dahintersteckt, ob mehr dahinter steckt und bekommen mehr Informationen über die aktuelle Situation von Maximilian. Ändert sich sein Verhalten nicht, sollten die Eltern zu einem Gespräch eingeladen werden.

316. Kann ich einen Schüler von der Betreuung ausschließen?

Ja. Schüler können bei sich wiederholenden Regelverstößen von der Betreuung auf Zeit und auch auf Dauer ausgeschlossen werden. Insbesondere dann, wenn sie sich und andere gefährden. Grundsätzlich empfiehlt sich zur Transparenz z. B. ein Ampelsystem, an welchem die Schüler sehen, ob sie auf grün, gelb oder rot stehen. Steht man z. B. am Ende des Tages auf rot, bekommen die Eltern eine Information mitgegeben, die Rückmeldung über das Verhalten gibt. Beim dritten roten Brief wird das Kind beispielsweise für vier Wochen ausgeschlossen. Wichtig hierbei ist, dass im Betreuungsteam die jeweiligen Kriterien und Vorgehensweisen abgesprochen werden, damit sie einheitlich umgesetzt werden können. Ebenso muss der Hinweis auf die Möglichkeit des Ausschlusses in der Elterninformation zur Betreuung festgehalten werden, welche bei der Anmeldung mitgegeben wird.

317. Sophia separiert sich von den anderen Kindern, wie ist dieses Verhalten einzustufen?

Sollte Sophia dieses Verhalten über einen längeren Zeitraum und über den ganzen Tag hinweg zeigen, sollten wir (oder der Klassenlehrer, die Schulsozialarbeit) mit ihr ins Gespräch gehen, um weitere Details bzw. Gründe für ihr Verhalten zu erfahren. Zu unterscheiden ist, ob sie einfach mal öfters eine Auszeit oder Ruhephase benötigt, oder ob das Verhalten sich plötzlich und unerwartet verändert hat. Dies könnte darauf hinweisen, dass es zu einer Veränderung z. B. im häuslichen Umfeld gekommen ist (z. B. Trennung der Eltern, neuer Partner bei einem der Elternteile, Geburt eines Geschwisterchens, Tod eines Familienmitglieds etc.). Bieten Sie Sophia die Möglichkeit, mit Ihnen ins Gespräch zu kommen und laden Sie sie immer wieder ein, beim Spielen und anderen Aktivitäten teilzuhaben.

318. Ein Kind wird im schulischen Kontext von einer Integrationskraft begleitet, nachmittags während der Betreuungszeit jedoch nicht. Welche Möglichkeiten habe ich, wenn ich an meine Grenzen komme?

Schon mit der Anmeldung zur Betreuung sollte eine Probezeit vereinbart werden. Vor deren Ende muss besprochen werden, ob eine weitere Betreuung gewährleistet werden kann. Ist dem nicht so, vermeiden Sie zu sagen, das können wir nicht schaffen, dafür haben wir zu wenig Personal oder damit kommen wir an unsere Grenzen. Die Gründe für eine „Nichtbetreuung" liegen nicht bei uns, sondern werden aus Kindersicht argumentiert. Diese Argumente könnten z. B. sein: Noah benötigt mehr Zeit für seine Hausaufgaben, die können wir ihm hier nicht bieten. Die vielen Kinder und der Lärm sind für ihn zu viel. Es wäre besser, er hätte am Nachmittag erst einmal eine Ruhezeit. Wir führen als Argumente also Punkte an, welche sich Noah wünscht und geeigneter für ihren wären, da wir ja das Beste für ihn möchten und an seine Entwicklung denken.

319. Ein Kind spricht kein Deutsch. Was kann ich tun?

Versuchen Sie das Kind bestmöglich in den Betreuungsalltag zu integrieren. Die Schule ist zu Anfang oft der einzige Ort, an welchem das Kind in Kontakt mit der deutschen Sprache kommt. Das Kind benötigt mehr Anleitung, erklären Sie den anderen Schülern, dass sie hier auch helfen und unterstützen und dem Kind die Abläufe zeigen können. Mit Bilderbüchern oder Bildern können Sie den Schüler beim Erlernen erster und neuer Wörter helfen. Sie erfüllen eine wichtige Vorbildfunktion, achten Sie darauf, klar und grammatikalisch richtig zu kommunizieren. Auch Rituale und feste Abläufe und Strukturen können die Integration erleichtern (siehe dazu auch Frage 270 ff.).

Es sollte sichergestellt sein, dass das Kind über die Schule an einem Deutschkurs teilnehmen kann (z. B. DAZ-Unterricht (Deutsch als Zweitsprache)).

320. Sandro zeigt deutliche Verhaltensauffälligkeiten, hat aber kein Gutachten. Was könnten nächste Schritte sein?

Hier ist ein Gespräch mit den Lehrern und Eltern angezeigt. Arbeiten Sie mit vielen Fragen. Wie ist es am Vormittag im Unterricht, zu Hause, wie war es im Kindergarten? Welche Lösungsschritte wurden bereits unternommen? Was wird aktuell getan, um eine Verbesserung zu erreichen? Es sollte im Interesse der Schule und der Eltern liegen, hier eine Diagnostik vorzunehmen. Mit dieser wird geklärt, ob und welche Schwierigkeiten vorliegen und welche Lösungsmöglichkeiten eingeleitet werden können.

Vier-Ohren-Modell der Kommunikation

321. Was beschreibt das Vier-Ohren-Modell?

Das Vier-Ohren-Modell entstammt der Kommunikationspsychologie und beschreibt, dass die Kommunikation in vier verschiedene Bereiche unterteilt werden kann. Friedemann Schulz von Thun unterscheidet in seinem Modell vier Ebenen, mit welchen gesprochen bzw. gehört werden kann: die Sachebene, die Appellebene, die Beziehungsebene und die Selbstoffenbarungsebene. Auf diesen vier Ebenen kann der Sprechende (Sender) etwas sagen und der Hörende (Empfänger) etwas hören. Im Idealfall sind sie auf der gleichen Ebene, die Verständigung klappt gut und es kommt zu keinen Konflikten. Hört der Empfänger mit einem anderen Ohr zu, als der Sender spricht, kann es schnell zu Streit und Auseinandersetzungen kommen. Insbesondere dann, wenn nicht gemerkt wird, dass der Sprechende es gar nicht böse gemeint hat, sondern die zuhörende Person es nur auf der Beziehungsebene gehört hat und sich deshalb nun angegriffen fühlt.

322. Was bedeutet es, wenn ich mit dem Sachschnabel spreche?

Spreche ich mit dem Sachschnabel dann geht es mir um Daten, Fakten und Sachverhalte, welche andere Personen genauso bestätigen können, z. B. die Schule startet um 8.15 Uhr. Der Sender muss Sachverhalte klar und verständlich ausdrücken. Auf der Sachebene können drei Kriterien angewendet werden:

(a) Ist das, was gesagt wird wahr oder unwahr (zutreffend/nicht zutreffend)
(b) Ist das, was gesagt wird relevant oder irrelevant (sind die aufgeführten Sachverhalte für das anstehende Thema von Belang/nicht von Belang?). Sämtliche Informationen ohne Belang werden auf der Sachebene weggelassen. Gemeint sind damit z. B. meine eigene Meinung, Bewertungen oder persönliche Erlebnisse zum Thema.
(c) Ist das, was gesagt wird ausreichend oder unzureichend (sind die angeführten Sachhinweise für das Thema ausreichend, oder müssen noch andere zusätzliche Fakten bedacht und gesagt werden)?

323. Was bedeutet es, wenn ich mit dem Selbstkundgabeschnabel spreche?

Wenn jemand etwas sagt, gibt er auch etwas von sich preis, jede Äußerung enthält gewollt oder unfreiwillig eine Kostprobe der Persönlichkeit des Senders – der eigenen Gefühle, Werte, Eigenarten und Bedürfnisse. Mimik, Gestik und Körpersprache zeigen, was ich von dem Thema halte und wie ich dazu stehe. Rege ich mich über die Lautstärke in der Mensa auf oder gehört der lebhafte Austausch der Schüler für mich nach einem langen Schultag dazu? Sobald ich etwas sage und vor allem, wie ich es sage, definiert auch immer mich als Person.

Während der Sender mit dem Selbstkundgabeschnabel implizit oder explizit, bewusst oder unbewusst, Informationen über sich preisgibt, nimmt der Empfänger diese mit dem Selbstkundgabeohr auf: Was ist das für einer? Wie ist er gestimmt? Welche Gefühle spielen bei ihm eine Rolle? Was ist ihm wichtig? Wie steht er zu dem Thema?

324. Was bedeutet es, wenn ich mit dem Appellschnabel spreche?

Mit einem Appell möchte ich erreichen, dass der Gegenüber eine Handlung ausführt. Das Gesagte soll eine Aufforderung oder ein Aufruf sein, etwas zu tun. In diesem Fall wird der Empfänger vom Gesprochenen beeinflusst. Wenn jemand das Wort ergreift, möchte er in aller Regel etwas erreichen. Er äußert Wünsche, Aufforderungen, Ratschläge oder Handlungsanweisungen.

Die Appelle werden dabei offen oder verdeckt gesandt. Mit dem Appellohr fragt sich der Empfänger: Was soll ich jetzt (nicht) machen, denken oder fühlen? Hört der Empfänger gerne und häufig mit dem Appellohr, so versucht er immer herauszuhören, ob und wie er etwas machen soll. Auch wenn der Sender ohne Appellintention etwas sagt, hört der Empfänger eine Aufforderung und legt los.

325. Was bedeutet es, wenn ich mit dem Beziehungsschnabel spreche?

Auf der Beziehungsebene geht es um die Beziehung, welche zwischen Sender und Empfänger besteht, bzw. wie die jeweilige Person die Beziehung einschätzt und aktuell bewertet. Kommt es hier zu „Ungleichheiten" so hören wir Sätze wie, „So sprichst du nicht mit mir" oder „Na hör mal, ich bin immer noch die Betreuungskraft hier". Bei der Kommunikation unter Schülern fallen dann als Reaktion oft Beleidigungen und es kommt schnell zu Streitigkeiten, da alles Gesagte direkt persönlich genommen wird. Auf der Beziehungsebene gibt man also zu erkennen, wie man zum Anderen steht und was man von ihm hält.

Auch hier werden diese Beziehungshinweise oft durch Formulierung, Tonfall, Mimik und Gestik unterstützt. Der Sender transportiert diese Hinweise implizit oder explizit. Der Empfänger fühlt sich durch die auf dem Beziehungsohr eingehenden Informationen wertgeschätzt oder abgelehnt, missachtet oder geachtet, respektiert oder gedemütigt.

326. Was bedeutet es, wenn ich mit dem Sachohr höre?

Höre ich mit dem Sachohr zu, dann filtere ich die Fakten und Tatsachen aus der Nachricht und beachte nur diese. Meine Gefühle und Emotionen und die der anderen Person werden nicht beachtet. Gibt es keine klare Anweisung, wie z. B. „Packe jetzt das Heft in deine Schultasche", macht der Empfänger es nicht, wenn gesagt wird, „die Schulsachen liegen noch auf dem Tisch". Er hört nicht mit dem Appellohr, sondern mit dem Sachohr: „Ja, es stimmt, hier liegen noch Schulsachen auf dem Tisch". Er hört nicht auf dem Beziehungsohr, „immer bist du so unordentlich" oder „dir muss man immer alles dreimal sagen". Er hört auch nicht auf dem Selbstkundgabeohr, „Frau Maier hat es gerne ordentlich" oder „Frau Maier ist wieder sauer".

327. Was bedeutet es, wenn ich mit dem Selbstkundgabeohr höre?

Auf diesem Ohr hört der Schüler, was in uns vorgeht. Wie geht es der Person, welche mir gegenübersteht? Was ist ihr wichtig? Wofür steht sie? Was sind ihre Vorlieben? Es erfolgt eine Einschätzung, was für ein Typ Mensch wir sind und wie es uns heute geht.

328. Was bedeutet es, wenn ich mit dem Appellohr höre?

Höre ich mit dem Appellohr, dann höre ich (bzw. meine zu verstehen), dass ich etwas Bestimmtes machen soll. Beim Satz „hier stehen aber viele Ranzen im Weg" fange ich an, diese aus dem Weg zu räumen. Beim Satz „hier ist es kalt" schließe ich ein offenes Fenster oder mache die Heizung an.

329. Was bedeutet es, wenn ich mit dem Beziehungsohr höre?

Auf dem Beziehungsohr höre ich, was der andere von mir zu denken scheint und wie er mich möglicherweise beurteilt. Oft führt Streit darauf zurück, dass der Empfänger meint, dass der Sender schlecht von ihm denkt oder er fühlt sich direkt verurteilt. Aus dem Satz „die Hausaufgaben sind nicht aufgeschrieben" wird so ganz schnell verstanden „du wirst es eh nie zu etwas bringen, was soll nur aus dir werden?" oder „selbst die kleinsten Sachen sind zu schwierig für dich". Als Reaktion auf diese (falsch) verstandene Kritik wird oft mit Gegenkritik geantwortet, „immer musst du mit mir schimpfen, nie mache ich es richtig, dir kann man gar nichts recht machen, den ganzen Tag wird mir nur gesagt, was ich alles falsch mache" oder die Reaktion zeigt sich im Beleidigtsein „dann schreibe ich nie wieder Hausaufgaben auf, ich komme nicht mehr in die Betreuung, wenn hier alle immer so gemein zu mir sind und mich mobben". Zusammenfassend lässt sich sagen, dass beim (zu häufigen) Hören auf dem Beziehungsohr oft Stress und Streit anfangen.Nicht selten zielen Schüler untereinander auch auf die Beziehungsebene ab, um das Leben in der Schule „etwas bunter" zu machen, oder, um es genauer auszudrücken, den anderen zu reizen und zu provozieren. Hat man diesen Trick durchschaut, so kann man ganz bewusst immer auf der Sachebene antworten. Das ist genau das, was der Gegenüber nicht möchte. So verliert er über kurz oder lang das Interesse und sucht sich ein neues Opfer.

330. Gibt es ein schönes Beispiel aus der Schule zu den Vier-Ohren?

Der Lehrer sagt beim Betreten des Klassenzimmers: „In eurem Klassenzimmer ist es aber warm".

- Sachebene: „Hier sind es 23,8 Grad Celsius"
- Selbstoffenbarung: „Mir ist es zu heiß"

- Appell: „Macht mal jemand das Fenster auf"
- Beziehung: „Ihr lüftet nie!"

Die Schüler können verstehen:

- Sachebene: „Hier sind es 23,8 Grad Celsius"
- Selbstoffenbarung: „Herr Schulz hat Angst vor Schweißflecken"
- Appell: „Ich öffne ganz schnell das Fenster"
- Beziehung: „Der kann uns nicht leiden, immer machen wir was falsch. Letzte Woche meinte er, hier würde es stinken, also wir würden stinken. Ich kann ihn gar nicht abhaben. Mathe ist eh doof."

Wahrnehmung

331. Wie definiert sich der Begriff der Wahrnehmung?

In der psychologischen Definition fällt die Wahrnehmung unter den Begriff der Kognition und wird damit als Fähigkeit verstanden, die aufkommenden Informationen (Reize) durch die jeweiligen Rezeptoren der Sinnesorgane aufzunehmen, zu verstehen und ihnen Sinn zu verleihen.

Mithilfe der Wahrnehmung entschlüsselt der Menschen seine Umwelt. Die Verarbeitung der Reize ist dabei abhängig von persönlichen Kriterien, was bedeutet, dass jeder Mensch aufgrund seiner individuellen Erfahrungen und bisherigen Lernprozesse seine Umgebung individuell wahrnimmt.

332. Warum ist die selektive Wahrnehmung so wichtig?

Die Fähigkeit der selektiven Wahrnehmung ist essentiell, um die Menge an Reizen und Informationen, denen ein Mensch rund um die Uhr ausgesetzt ist, zu filtern. Sie ist eine Besonderheit des menschlichen Gehirns, wodurch der Mensch zwischen

---

Ergänzende Information Die elektronische Version dieses Kapitels enthält Zusatzmaterial, auf das über folgenden Link zugegriffen werden kann [https://doi.org/10.1007/978-3-658-50731-2_23].

Wichtigem und Unwichtigen unterscheiden kann. Was dabei als wichtig und unwichtig verstanden wird, hängt unter anderem auch mit den individuellen Erfahrungen, Interessen, Bedürfnissen und Vorlieben ab. Beispielsweise ist es dem menschlichen Gehör möglich in einem Raum, in welchem sich viele Menschen miteinander unterhalten oder gar durcheinander sprechen, einem Gespräch zu folgen und dabei die restlichen Gespräche und Geräusche auszublenden. Ein zentraler Aspekt, warum es Hörgerät tragenden Kindern in lauten Klassenzimmern nicht möglich ist sich zu fokussieren und zu konzentrieren. Sie nehmen alle Geräusche in gleicher Lautstärke wahr, das Hörgerät kann diese nicht gleichwertig zu unserem Gehirn filtern.

333. Welche Arten der Wahrnehmung können unterschieden werden?

Vereinfacht betrachtet lassen sich die verschiedenen Arten der Wahrnehmung mit den fünf Sinnen Sehen, Hören, Schmecken, Tasten und Riechen definieren. Darüber hinaus werden diese von weiteren Sinneswahrnehmungsarten wie dem Gleichgewichtssinn und der Schmerzwahrnehmung ergänzt. Der Gleichgewichtssinn sitzt in Innenohr, steht in enger Verbindung mit dem Hörsinn und verhilft der räumlichen Orientierung und einer ausbalancierten Körperhaltung. Die Schmerzwahrnehmung wird durch Reize ausgelöst, welche als gefährlich oder gar lebensbedrohlich wahrgenommen werden und warnt den Körper vor Verletzungen oder Gefahren.

Die Sinneswahrnehmungen werden ergänzt von drei weiteren Wahrnehmungen, der kinästhetischen Wahrnehmung, der Sprachwahrnehmung und der Tiefensensibilität. Die kinästhetische Wahrnehmung ist wichtig für das Einschätzen der Geschwindigkeit und Bewegung des eigenen Körpers und des Umfeldes. Die Sprachwahrnehmung dient der Unterscheidung von visuellen und akustischen Informationen. Die Tiefensensibilität informiert das Gehirn über den Zustand und die Position von Muskeln und Sehnen und definiert damit die Körperhaltung.

334. Welche Wahrnehmungsstörungen können auftreten?

Sobald die Erfassung der Sinnesreize gestört, die Verbindung zwischen den Sinnen unterbrochen oder der Verarbeitungsprozess beeinträchtigt ist, liegt eine Wahrnehmungsstörung vor. Die darauffolgende Fehlinterpretation der Reize führt zu einer Verzerrung der Realität. Wahrnehmungsstörungen umfassen ein weites Spektrum von Ursachen, die beeinflussen, wie Informationen aufgenommen und verarbeitet werden und können sich auf die verschiedenen Sinne wie Sehen, Hören, Tasten, Gleichgewicht oder Körperbewusstsein beziehen. Wahrnehmungsstörungen können auch leicht mit Verhaltensauffälligkeiten oder Lernschwächen verwechselt werden, da die Kinder oftmals Probleme haben, Informationen sinnvoll zu interpretieren und entsprechend zu reagieren. Dies wiederum kann sich auf die schulischen Leistungen, die sozialen Fähigkeiten und andere alltägliche Anforderungen auswirken.

Unterschieden wird in:

- visuelle Wahrnehmungsstörungen: Auswirkungen auf die Interpretation visueller Informationen. Symptome sind unter anderem Schwierigkeiten beim Lesen, Schreiben und beim Erkennen von Buchstaben oder Zahlen. Es zeigen sich Probleme beim Verständnis räumlicher Beziehungen, was sich beim Puzzeln oder beim Spielen mit Bausteinen zeigt.
- auditive Wahrnehmungsstörungen: Kinder zeigen Probleme, Geräusche korrekt zu interpretieren, ähnlich klingende Wörter zu unterscheiden, Geräusche zu lokalisieren oder gesprochene Anweisungen zu verstehen.
- taktile Wahrnehmungsstörungen: Kinder zeigen eine ungewöhnliche Empfindlichkeit gegenüber Berührungen oder haben Schwierigkeiten Objekte durch Tasten zu erkennen.
- vestibuläre Wahrnehmungsstörungen: Symptome äußern sich in einem schlechten Gleichgewichtssinn, einer schlechten Balance oder Schwindelgefühl und drücken sich in einer allgemeinen Ungeschicklichkeit aus.
- motorische Wahrnehmungsstörungen: Kinder zeigen Schwierigkeiten beim Ausführen motorischer Aufgaben und tun sich schwer Bewegungen zu planen und auszuführen (z. B. Fahrrad fahren oder Schnürsenkel binden).

335. Wie kann man die Wahrnehmungsfähigkeit von Kindern fördern?

Die Förderung der Sinneswahrnehmung ist ein fester Bestandteil der pädagogischen Arbeit. In der Schule spielt der Bereich der Wahrnehmung eine wichtige Rolle, da diese Voraussetzung ist für die Bildung aller für das schulische Lernen wichtigen Kompetenzen (z. B. Auge-Hand-Koordination, Händigkeit etc.).

Mit spielerischen Übungen können die Kinder gezielt gefördert werden. Die visuelle Wahrnehmung muss in folgenden Bereichen gefördert werden: Figur-Grund-Differenzierung, Auge-Hand-Koordination, Rechts-Links-Unterscheidung, Größen unterscheiden, Raum-Lage-Beziehung,

Formwahrnehmung/Formen unterscheiden. Spiele, in welchen die Kinder sich Dinge, Formen oder Anordnungen einprägen und diese dann wiedergeben müssen können hier unterstützen.

Für das Trainieren der auditiven Wahrnehmung kommen Spiele zum Einsatz, bei denen die Augen verbunden werden und nach hörbaren Anweisungen agiert werden muss. Der Gleichgewichtssinn kann sehr gut mit Sport und Spiel verknüpft werden, Balancieren, Stelzenlauf, Klettern, Fahrzeuge fahren, alles unterstützt den Gleichgewichtssinn. Das Ertasten verschiedener Gegenstände und Materialien oder Fühlkisten eignen sich gut, um den Tastsinn zu schärfen. Seien Sie kreativ, es gibt die verschiedensten Möglichkeiten spielerisch die Wahrnehmung zu trainieren.

Weisungsbefugnis

336. Die Schulleiterin sagt, dass ich wegen einer Dienstbesprechung der Lehrer die Pausenaufsicht übernehmen soll. Darf sie mir diese Aufgabe zuweisen?

Grundsätzlich sind weder Lehrer noch Schulleitung gegenüber den Betreuungskräften weisungsbefugt. Sie haben das Hausrecht, können aber keine direkten Anweisungen geben. Da es sich hier um eine partnerschaftliche Zusammenarbeit zwischen Schule und Betreuung handelt, sollte natürlich versucht werden, gemeinsame Lösungen zu finden (siehe dazu auch Fragen 201 und 203).

Wertfreie Kommunikation

337. Was kann ich mir unter dem Begriff Wertfreie Kommunikation vorstellen?

Bei der Wertfreien Kommunikation höre ich meinem Gegenüber „nur" zu. Schildert mir z. B. ein Schüler einen Vorfall vom Pausenhof, so reagiere ich nicht mit einer Einflussnahme durch Bemerkungen und Bewertungen meinerseits („klar, dass du damit jetzt wieder zu mir kommst" oder „ja, den Felix kennen wir ja, den musste ich gestern auch schon ermahnen"). Ich versuche also nicht zu bewerten und einzuordnen, sondern mir ein objektives Bild der Situation zu machen.

338. Welche Formen von Bewertungen gibt es?

Unsere gewohnte Sprache, so wie wir sie im Alltag nutzen, ist oft gespickt von Bewertungen:

- Verallgemeinerungen: immer, nie, ständig, jedes Mal wenn…, niemand, jeder
- Vergleich: so wie gestern, wie eine Rakete, besser als
- Vorwurf: egoistisch, gemein, unfair, respektlos, unverschämt
- Bewertung: richtig, schlecht, das sieht schön aus, (zu) viel/wenig
- Interpretation: „Komm, du bist so müde", „du hast mir nicht zugehört"
- Schublade: Schlafmütze, Faulenzer, Streber, Teamplayer.

339. Bei der Wertfreien Kommunikation wird zwischen „Beobachtung und Bewertung" unterschieden, wie ist das zu verstehen?

Eine Beobachtung ist frei von:

- Bewertungen
- Interpretationen
- dem Unterstellen einer bestimmten Absicht
- dem Einordnen in Schubladen

- von Verallgemeinerungen
- Kritik
- Vorwürfen und
- Vergleichen.

Bei einer Bewertung teile ich dem anderen mit, was ich über das Gesagte denke, ich verdeutliche meinen Standpunkt („das gehört sich aber nicht") und nehme eine Einordnung vor (z. B. „gut/falsch" oder „fleißig/faul"). Der Fokus liegt also auf der Bedeutung, die das Beobachtete für mich hat, was ich darüber denke.

Bei einer Beobachtung versuche ich eine Realität herstellen, der alle Beteiligten zustimmen können (siehe dazu auch „Sachebene" im Vier-Ohren-Modell). Ziel ist dabei, die Möglichkeit zu schaffen, dass zwischen den Parteien (wieder) eine Verbindung hergestellt werden kann, dass es zu einer Annäherung kommt. Dabei wird der Fokus auf objektiven Tatsachen gelegt, dem tatsächlich für alle Wahrnehmbaren und nicht, was ich wahrnehme oder eine der Streitparteien.

340. Wie sehen Beispiele für eine Wertfreie Kommunikation aus?

- „Das Glas ist heruntergefallen und dann zerbrochen." statt „Du bist so ungeschickt."
- „Die Hausaufgaben sind noch nicht erledigt." statt „Du drückst dich um die Hausaufgaben."
- „Ich sehe, dass du auf dem Boden sitzt und mit den Bausteinen spielst." statt „Nie hörst du auf mich, wenn ich dir sage, du sollst aufräumen."

X, Y, Z

X- mal

341. Ich muss immer alles x-mal erklären, wie soll ich damit umgehen?

Bei Fragen zum Tagesablauf oder zur Spielzeit beantworten Sie alle Fragen einmal, z. B. „Darf ich jetzt mit den Bauklötzen spielen?", die einmalige Antwort darauf: „In 10 min darfst du spielen."

Kommt jedoch die Frage vom gleichen Kind wenig später erneut, so lautet die Antwort: „Hast du das eben schon einmal gefragt? Ich habe dich gehört und dir die Frage beantwortet. Diese Antwort gilt noch immer/diese Regel gilt noch immer."

Wiederholung festigt das Gelernte, aber geben Sie konkrete Anweisungen mit wenigen Worten.

342. Y - Hierzu gibt es keine Fragen – bisher

Ergänzende Information Die elektronische Version dieses Kapitels enthält Zusatzmaterial, auf das über folgenden Link zugegriffen werden kann [https://doi.org/10.1007/978-3-658-50731-2_24].

Zeitmanagement

343. Welches sind die drei wichtigsten Methoden des Zeitmanagements?

(a) Das Pareto-Prinzip

Der italienische Ingenieur, Ökonom und Soziologe Vilfredo Federico Pareto (1848–1923) untersuchte die Verteilung des Volksvermögens in Italien und fand heraus, dass ca. 20 % der Familien ca. 80 % des Vermögens besitzen. Haben Banken diese 20 % ihrer (potentiellen) Kunden im Auge, ist ein Großteil ihrer Auftragslage gesichert. Diese Verteilung wurde an zahlreichen weiteren Beispielen (siehe unten) ebenso angetroffen. Daraus entwickelte sich die sogenannte „80-zu-20-Regel", „80–20-Verteilung" oder schlicht das „Pareto-Effekt" oder „Pareto-Prinzip" (Abb. 1).

Es besagt, dass sich viele Aufgaben mit einem Mitteleinsatz von ca. 20 % so erledigen lassen, dass 80 % aller Aufgaben erfüllt sind. Mit einer kleinen Teilmenge können Sie große Wirkung erzielen bzw. mit Nebensächlichkeiten sehr viel Zeit verlieren.

Weitere Beispiele:

- In einem durchschnittlichen Haushalt verursachen 20 % der Kostenpositionen 80 % der Kosten.
- In einer Wohnung weisen 20 % des Teppichs 80 % der Gesamtabnutzung auf.
- In einem Unternehmen werden 80 % des Umsatzes mit 20 % der Kunden erzielt.
- 80 % eines Textes werden mit 20 % der Wörter bestritten (z. B. der, die, das usw.).
- 80 % aller Supportanfragen im Internet beziehen sich immer wieder auf die gleichen 20 % (oder weniger) der Problemstellungen.
- 80 % aller Besprechungsergebnisse werden in 20 % der Besprechungszeit erzielt.

Abb. 1 Das Pareto-Prinzip. Eigene Darstellung

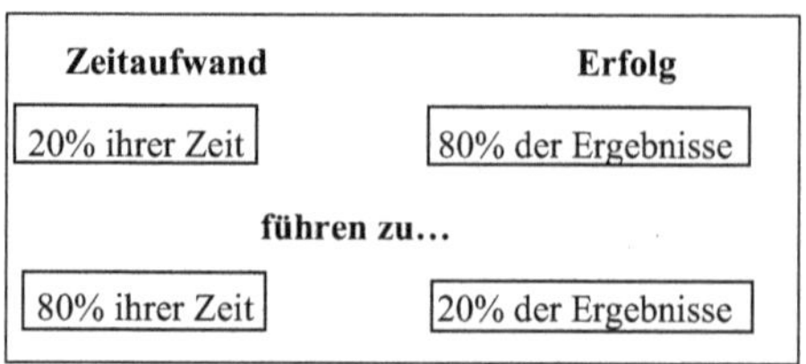

(b) Die ABC-Analyse

Eine zentrale Technik besteht im Analysieren und Definieren von Prioritäten. Prioritäten dienen dazu:

- sich nicht mit Nebensächlichkeiten aufzuhalten
- Dringlichkeiten zu überprüfen
- Ziele zu erreichen
- Aufgaben selbst zu planen und zu steuern.

Bei der ABC-Analyse werden alle Tätigkeiten nach drei Kriterien bewertet:

A-Aufgaben: Wichtige Aufgaben, die persönlich ausgeführt werden und die eine große Wertschöpfung für die Zielerreichung haben.

B-Aufgaben: Durchschnittlich wichtige, aber delegierbare Aufgaben.

C-Aufgaben: Zeitraubende, wiederkehrende Routineaufgaben mit geringer Wertschöpfung.

In der Regel beschäftigen wir uns am Tag nur mit erschreckend geringen 15 % mit A-Aufgaben. 20 % der Zeit verbringen wir mit B-Aufgaben und zu 65 % haben uns die C-Aufgaben im Griff. Um wirklich erfolgreich zu sein, sollten Sie 65 % Ihrer Zeit mit A-Aufgaben verbringen.

Bei der Gestaltung Ihres Tagesplans können Sie durch folgende Fragen Ihre A-Aufgaben selektieren:

- Gibt es einen unmittelbaren Zusammenhang mit Ihrem Ziel?
- Ist damit ein langfristiger Erfolg für die Organisation und meine persönliche Anerkennung gewährleistet?
- Passt die Aufgabe zu meiner Vision und meiner Strategie?
- Fallen durch diese Aufgaben andere Aufgaben weg?
- Sind bei Nichterfüllung negative Konsequenzen zu erwarten?

(c) Die Eisenhower-Methode

Die Eisenhower-Methode (Abb. 2) wurde vom ehemaligen US-Präsident und Alliierten-General Dwight D. Eisenhower praktiziert und gelehrt.

		Dringlichkeit	
		nicht dringend	**dringend**
Wichtig-keit	**wichtig**	Aufgabe exakt terminieren und persönlich erledigen.	Sofort selbst erledigen.
	nicht wichtig	Nicht bearbeiten → Papierkorb.	An kompetente Mitarbeiter delegieren.

Abb. 2 Die Eisenhower-Methode. Eigene Darstellung

Alle seine Aufgaben verteilte Eisenhower anhand der Kriterien wichtig/nicht wichtig und dringend/nicht dringend in vier Quadranten.

Mit diesem Ansatz können sie nun Ihre Aufgaben auch von A bis C kategorisieren. A wäre wichtig und dringend, B wichtig, aber nicht dringend, D nicht (so) wichtig, aber dringend (z. B. Routineaufgaben, Kontrolle, Unterlagen erstellen, Dokumente ausfüllen, Daten einpflegen, Protokolle verfassen) und C nicht dringend und nicht wichtig.

Literatur

Abs, H. (2006). *Der Partizipationswürfel – Ein Modell zur Beobachtung und Begleitung demokratiepädagogischer praxis..* http://www.ingo-veit.de/blk/pdf_doc/publik/partwue.pdf.

Arnold, R., & Prescher, T. (2014). Kompetenzentwicklung durch Lernkulturgestaltung. In I. R. Arnold & T. Prescher (Hrsg.), *Schulentwicklung systemsich gestalten. Wege zu einem lebendigen und nachhaltigen Lernen in Schule und Unterricht* (S. IX-XIV). Carl Link.

Bange, D., & Deegener, G. (1996). *Sexueller Missbrauch an Kindern: Ausmaß – Hintergründe – Folgen.* Psychologie-Verl.-Union.

Burk, K., Speck-Hamdan, A., & Wedekind, H. (2003). Kinder beteiligen – Demokratie lernen.? Beiträge zur Reform der Grundschule.

Hertel, S., & Schmitz, B. (2010). *Lehrer als Berater in Schule und Unterricht.* Kohlhammer.

Hubrig, C., & Herrmann, P. (2014). Lösungen in der Schule. Systemisches Denken in Unterricht, Beratung und Schulentwicklung. Carl Auer (*jugend.beteiligen.jetzt – für die Praxis digitaler Partizipation* **Gemeinnützige Deutsche Kinder- und Jugendstiftung GmbH (DKJS).** Berlin. https://jugend.beteiligen.jetzt/digitale-partizipation/rechtlicher-rahmen.

Kaiser, A. (2001). *1000 Rituale für die Grundschule.* Schneider-Verl. Hohengehren.

Krappmann, L. (2014). Kinderrechte und Demokratiepädagogik in der Schule: Zum Auftakt. In W. Edelstein, L. Krappmann, & S. Student, *Kinderrechte in die Schule. Gleichheit, Schutz, Förderung, Partizipation* (S. 12–19). Debus Pädagogik.

Liga der freien Wohlfahrtspflege in Baden-Württemberg e. V. (2021). Rahmenempfehlung für die pädagogische Schulkindbetreuung. https://liga-bw.de/wp-content/uploads/2021/03/2021_02_08_LigaBW_Rahmenempfehlung_Schulkindbetreuung.pdf.

Lotze, M., & Kruse-Heine, M. (2012). *Elternhaus und Schule.* Nifbe.

Mosell, R. (2016). *Systemische Pädagogik. Ein Leitfaden für Praktiker.* Beltz.

Pfrang, A., Hiebl, P., & Schultheis, K. (2013). Mit Kindern ihre Grundschule gestalten. (K. Dr. Metzger, Hrsg.) Cornelsen Schulverlage GmbH.

Richter, D. (2007). *Politische Bildung von Anfang an. Demokratie-Lernen in der Grundschule.* Wochenschau.

Siebert, H. (2003). *Vernetztes Lernen. Systemisch-konstruktivistische Methoden der Bildungsarbeit.* Wolters Kluwer.
Urban, U. (2005). Demokratiebaustein: Partizipation. (BLK, Hrsg.) *Demokratiebausteine* S. 1–7.
Velten, K. (2015). HandlungsSpielRäume. Selbst- und Mitbestimmungsmöglichkeiten von Kindern in Kindertageseinrichtung und Grundschule. In S. Hahn, J. Asdonk, D. Pauli, & C. Zenke, *Diefferenz erleben – Gesellschaft gestalten. Demokratiepädagogik in der Schule* (S. 117–125). Wochenscha.

Publikationsverzeichnis

Pflüger, N. (2007). *Fußballweltmeisterschaft 2006: München Berlin zu Fuß und trotzdem glücklich.* Bod.
Pflüger, N. (2008). Tätigkeitsfelder von Pädagogen: Pädagogik im Betrieb. In N. Pflüger (Hrsg.), Basiskurs Pädagogik. Bod.
Pflüger, N. (2008). Tätigkeitsfelder von Pädagogen: Erwachsenen- und Weiterbildung – Ein Kurzüberblick. In: N. Pflüger (Hrsg.), Basiskurs Pädagogik. Bod.
Pflüger, N. (2008). Tätigkeitsfelder von Pädagogen: Kooperation und Kommunikation in Seminaren. In N. Pflüger (Hrsg.), Basiskurs Pädagogik. Bod.
Pflüger, N. (2008). EURO 2008: Basel – Wien zu Fuß – 750 km durch die Schweiz, Deutschland und Österreich für ein EM ticket. In *Die etwas andere Pilgerreise zweier Fußballfans.* Bod.
Pflüger, N. (2008). *Einführung in die Betriebspädagogik – Grundbegriffe, geschichte, Ziele und Tätigkeitsfelder.* Bod.
Pflüger, N. (2009). *Flow erleben – Weniger stress durch effektives Zeitmanagement.* Bod.
Pflüger, N. (2010). *Soziale Gruppenarbeit – nach § 29 SGB VIII – In Theorie und praxis.* Bod.
Pflüger, N. (2013). *Geschlechtsspezifische Soziale Gruppenarbeit – Nach § 29 SGB VIII – In Theorie und praxis. Überarbeitete und* (ergänzte Auflage. Aufl.). Bod.
Wistuba, A.-M. (2025). *Clemens' Mutter holt ihren Sohn täglich mit dem Auto ab: Eine Expertin gibt Rat. Entdeckungskiste, 2/2025.* Herder GmbH.

If you have any concerns about our products,
you can contact us on
ProductSafety@springernature.com

In case Publisher is established outside the EU,
the EU authorized representative is:
Springer Nature Customer Service Center GmbH
Europaplatz 3, 69115 Heidelberg, Germany

Printed by Libri Plureos GmbH
in Hamburg, Germany